POP QUIZ

musique
francophone

Des mêmes auteurs chez Éditions BRAVO! :

Ultra quiz musique québécoise

© Les Publications Modus Vivendi inc., 2011
© Serge Beaubien et Jacques Thibault, 2011

**Publié par les Éditions BRAVO! une division de
LES PUBLICATIONS MODUS VIVENDI INC.**
55, rue Jean-Talon Ouest, 2ᵉ étage
Montréal (Québec) H2R 2W8
CANADA

www.groupemodus.com

Éditeur : Marc Alain
Éditrice déléguée : Isabelle Jodoin
Conception de la couverture : Catherine Houle
Réviseure : Flavie Léger-Roy
Correctrice : Mireille Lévesque
Auteurs : Serge Beaubien et Jacques Thibault

Dépôt légal : Bibliothèque et Archives nationales du Québec, 2011
Dépôt légal : Bibliothèque et Archives Canada, 2011

ISBN 978-2-89670-062-2

Nous reconnaissons l'aide financière du gouvernement du Canada par l'entremise du Fonds du livre du Canada pour nos activités d'édition.

Gouvernement du Québec — Programme de crédit d'impôt pour l'édition de livres — Gestion SODEC

POP QUIZ

musique
francophone

Serge Beaubien et Jacques Thibault

EDITH PIAF
DALILA

CHARLES
AZNAVOUR

« Longtemps, longtemps, longtemps après que les poètes ont disparu
Leurs chansons courent encore dans les rues. »
(*L'âme des poètes*) Charles Trenet

À ma compagne de vie Martine
et à mes fils Jérôme et Marc-Antoine.

Serge Beaubien

À mes fils Yannick et Carl,
à mes petits-enfants Marie-Ève et Maxime.

Jacques Thibault

JOE DASSIN

FRANCIS CABREL
SACHA DISTEL

TABLE DES MATIÈRES

GILBERT BÉCAUD
MICHEL SARDOU

MOT DES AUTEURS

ous avons voulu rendre hommage à ces artistes de la francophonie qui, cours des années (1955-2005), ont côtoyé sur les palmarès nos interprètes Québec pour notre plus grande joie.

ous espérons que vous aurez autant de plaisir avec ce livre que nous en avons à le concevoir.

usicalement vôtres.

Serge et Jacques

1 Quel chanteur obtint un grand succès, en 1958, avec la chanson « **Quand on n'a que l'amour** » ?

A) Guy Béart
B) Jacques Brel
C) Marcel Amont

2 En 1955, quel chanteur nous a offert la chanson « **Moi, j'aime le music-hall** » ?

A) Luis Mariano
B) Jacques Pills
C) Charles Trenet

3 Quelle chanteuse a obtenu un immense succès avec la chanson « **La Foule** » en 1958 ?

A) Caterina Valente
B) Annie Cordy
C) Édith Piaf

4 Nommez le chanteur qui a créé, en 1956, « **Chanson pour l'auvergnat** ».

A) Georges Brassens
B) Bourvil
C) Félix Marten

5 Quelle chanteuse interprète la chanson « **Fais-moi mal, Johnny** » en 1957 ?

A) Juliette Gréco
B) Magali Noël
C) Michèle Arnaud

6 En 1956, quelle chanteuse a gravé sur disque la chanson « **Mister Banjo** » ?

A) Line Renaud
B) Patachou
C) Mathé Altéry

7 Quel chanteur a lancé la chanson « **Le Chat de la voisine** » en 1959 ?

A) Danyel Gérard
B) François Deguelt
C) Yves Montand

8 Quel chanteur obtint un grand succès, en 1958, avec la chanson « **Marjolaine** » ?

A) Léo Ferré
B) Francis Lemarque
C) René-Louis Lafforgue

9 En 1957, quelle chanteuse nous a offert la chanson « **Java** » ?

A) Yvette Giraud
B) Lucienne Delyle
C) Anny Gould

10 À quel chanteur doit-on la chanson « **Si tu vas à Rio** » en 1959 ?

A) Jean Constantin
B) Dario Moreno
C) Bob Azzam

11 En 1957, par quel chanteur les chansons « **Le Grand Magasin** » et « **Incroyablement** » ont-elles été interprétées ?

A) Georges Ulmer
B) Pierre Dudan
C) Gilbert Bécaud

12 Quel chanteur popularisa la chanson « **Sur ma vie** », en 1956 ?

A) Charles Aznavour
B) André Claveau
C) Mouloudji

13 En 1956, pour quelle chanteuse la chanson « **Je t'aime encore plus** » fut-elle un succès ?

A) Rina Ketty
B) Mick Micheyl
C) Suzy Delair

14 La chanson « **Le Poinçonneur des Lilas** » nous a été donnée par quel chanteur, en 1959 ?

A) Henri Decker
B) Serge Gainsbourg
C) Robert Lamoureux

15 Quel chanteur nous a offert la chanson « **Cigarettes, whisky et p'tites pépées** », en 1957 ?

A) Henri Salvador
B) Eddie Constantine
C) Jean Philippe

QUESTIONS (1955-1959)

16 Qui a rendu populaire, en 1959, la pièce instrumentale
« **Petite Fleur** » ?

A) Michel Legrand
B) L'Orchestre d'Aimé Barelli
C) Sidney Bechet

17 En 1959, quel chanteur fut découvert avec la chanson
« **Scoubidou** » ?

A) Ricet Barrier
B) Marcel Amont
C) Sacha Distel

18 Nommez la chanteuse qui interprète, en 1958, la chanson
« **Irma la douce** ».

A) Colette Renard
B) Renée Lebas
C) Maria Candido

19 Quel chanteur, en 1956, nous a offert les chansons
« **Chevalier du ciel** » et « **La Plus Belle Chose
au monde** » ?

A) Luis Mariano
B) Georges Guétary
C) Tino Rossi

20 La chanson « **Le Danseur de charleston** » a été
popularisée en 1956 par quel chanteur ?

A) Charles Trenet
B) Philippe Clay
C) Claude Robin

21 Nommez le chanteur qui a lancé la chanson « **Un jour tu verras** » en 1956.

A) Francis Blanche
B) Mouloudji
C) André Dassary

22 En 1959, quel chanteur a créé la chanson « **Qu'on est bien** » ?

A) Bourvil
B) Georges Brassens
C) Guy Béart

23 Quelle chanteuse obtint du succès, en 1956, avec la chanson « **L'Homme à la moto** » ?

A) Jacqueline François
B) Monique Morelli
C) Édith Piaf

24 La chanson « **Étrangère au paradis** » tourne beaucoup à la radio en 1956. Quelle chanteuse en est l'interprète ?

A) Line Renaud
B) Gloria Lasso
C) Patachou

25 En 1959, pour quelle chanteuse la chanson « **Ciao ciao bambina** » a-t-elle été un grand succès ?

A) Cora Vaucaire
B) Dalida
C) Tohama

QUESTIONS (1960-1969)

26 À l'automne 1966, quel chanteur remporte un très grand succès avec la chanson « **Viens me faire oublier** » ?

A) Richard Anthony
B) Dick Rivers
C) Pascal Danel

27 Quelle chanteuse, en 1967, a vu sa chanson « **La Musique** » se hisser au sommet des palmarès ?

A) Sylvie Vartan
B) Nicoletta
C) Laura Ulmer

28 Quel chanteur obtint, en 1964, un immense succès avec la chanson « **Le Pénitencier** » ?

A) Danyel Gérard
B) Eddy Mitchell
C) Johnny Hallyday

29 La chanson « **Le Métèque** » a été créée par quel chanteur en 1969 ?

A) Enrico Macias
B) Serge Reggiani
C) Georges Moustaki

30 En 1965, la chanson « **C'est beau la vie** » remporte un vif succès pour quel chanteur ?

A) Jean Ferrat
B) Léo Ferré
C) Leny Escudero

31 Nommez le chanteur qui nous a offert, en 1968, la chanson « **Comme d'habitude** ».

A) Robert Cogoi
B) Herbert Léonard
C) Claude François

32 À quel chanteur doit-on la chanson « **Love Me, Please, Love Me** » en 1966 ?

A) Christophe
B) Michel Polnareff
C) Franck Fernandel

33 Quelle chanteuse, en 1969, a lancé la chanson « **Casatchok** » ?

A) Marie Laforêt
B) Régine
C) Rika Zaraï

34 Quel chanteur a rendu célèbre la chanson « **Ne me quitte pas** » en 1961?

A) Jean-Claude Pascal
B) Jacques Brel
C) François Deguelt

35 Nommez le chanteur qui popularisa, en 1962, la chanson « **Il faut savoir** ».

A) Yves Montand
B) Charles Aznavour
C) Gilbert Bécaud

QUESTIONS (1960-1969)

36 Quelle chanteuse a gravé sur disque la chanson
« **Le Temps des fleurs** » en 1968 ?

A) Isabelle Aubret
B) Vicky
C) Georgette Plana

37 En 1962, quel chanteur nous a donné la chanson
« **Le Jazz et la java** » ?

A) Serge Gainsbourg
B) Maurice Chevalier
C) Claude Nougaro

38 Nommez la chanteuse qui obtint, en 1963, un immense
succès avec sa chanson « **Tous les garçons et les filles** ».

A) Petula Clark
B) Françoise Hardy
C) Patricia Carli

39 Quel chanteur a rendu populaire la chanson « **Mes mains
sur tes hanches** » en 1965 ?

A) Guy Mardel
B) Hugues Aufray
C) Adamo

40 En 1960, la chanson « **Salade de fruits** » fut interprétée
par quel chanteur ?

A) Bourvil
B) Bob Azzam
C) Dario Moreno

41 Quel chanteur obtint un grand succès, en 1969, avec la chanson « **Les Champs-Élysées** » ?

A) Gilles Dreu
B) David Alexandre Winter
C) Joe Dassin

42 Nommez le chanteur qui nous a offert, en 1966, la chanson « **Mourir ou vivre** ».

A) Michel Delpech
B) Hervé Vilard
C) Michel Orso

43 À quelle formation doit-on la chanson « **L'Argent ne fait pas le bonheur** » en 1966 ?

A) Les Surfs
B) Les Gam's
C) Les Parisiennes

44 Quelle chanteuse a immortalisé la chanson « **Non, je ne regrette rien** » en 1961 ?

A) Mélina Mercouri
B) Édith Piaf
C) Juliette Gréco

45 Quel chanteur a créé, en 1965, la chanson « **C'est toujours la première fois** » ?

A) Jean Ferrat
B) Georges Chelon
C) Léo Ferré

QUESTIONS (1960-1969)

46 Nommez le chanteur qui nous a offert, en 1965, la chanson « **Les Copains d'abord** ».

A) Pierre Perret
B) Boby Lapointe
C) Georges Brassens

47 Quel chanteur fut découvert avec la chanson « **Elle était si jolie** » en 1963 ?

A) Jean-Jacques Debout
B) Alain Barrière
C) Frank Alamo

48 Quel chanteur obtint un succès, en 1968, avec la chanson « **Dis-moi ce qui ne va pas** »?

A) Joe Dassin
B) Enrico Macias
C) Georges Guétary

49 À l'hiver 1969, « **Il suffirait de presque rien** » tourne fréquemment à la radio. Quel chanteur en est l'interprète ?

A) Mouloudji
B) Serge Reggiani
C) Georges Moustaki

50 À l'été 1963, la chanson « **Une glace au soleil** » est sur toutes les lèvres. À quelle chanteuse doit-on ce succès ?

A) Nancy Holloway
B) Sheila
C) Consuelin de Pablo

51 Nommez le chanteur qui a lancé, en 1962, la chanson
« **La Chansonnette** ».

A) Charles Trenet
B) Yves Montand
C) Henri Salvador

52 Quelle chanteuse nous a offert, en 1969, la chanson
« **Que calor la vida** » ?

A) Mireille Mathieu
B) Nana Mouskouri
C) Marie Laforêt

53 En 1960, quel chanteur nous a donné la chanson
« **Bleu, blanc, blond** » ?

A) Marcel Amont
B) Guy Béart
C) Philippe Clay

54 Quel chanteur obtint du succès, en 1967, avec la chanson
« **Notre roman** » ?

A) Pascal Danel
B) Michel Mallory
C) Adamo

55 Nommez la chanteuse qui se fit connaître avec la chanson
« **Dans mes bras oublie ta peine** » en 1964.

A) France Gall
B) Michèle Torr
C) Isabelle Aubret

QUESTIONS (1960-1969)

56 Quel chanteur a rendu célèbre la chanson « **Céline** » en 1966 ?

A) Hervé Vilard
B) Hugues Aufray
C) Christophe

57 En 1964, quel chanteur a gravé sur disque la chanson « **Ce monde** » ?

A) Lucky Blondo
B) Claude François
C) Richard Anthony

58 Quel chanteur obtint un succès avec la chanson « **L'Important c'est la rose** » en 1967 ?

A) Michel Fugain
B) Éric Charden
C) Gilbert Bécaud

59 À l'été 1964, la chanson « **C'est toi mon idole** » tourne régulièrement à la radio. Quelle chanteuse en est l'interprète ?

A) Nicole Paquin
B) Jocelyne
C) Donna Hightower

60 À qui doit-on la chanson « **Par amour, par pitié** », qui se hisse sur les palmarès au début de l'année 1967 ?

A) Annie Philippe
B) Les Sunlights
C) Sylvie Vartan

61 En 1968, quel chanteur a rendu populaire la chanson
« **Cet anneau d'or** » ?

A) Herbert Léonard
B) Serge Reggiani
C) Georges Guétary

62 Quel chanteur nous a offert la chanson
« **Si loin d'Angleterre** » en 1967 ?

A) Serge Gainsbourg
B) Olivier Despax
C) Ronnie Bird

63 Qui nous a donné, en 1960, la chanson
« **Le Marchand de bonheur** » ?

A) Tino Rossi
B) Bourvil
C) Les Compagnons de la chanson

64 La chanson « **Mon credo** », en 1966, fut un grand
succès pour quelle chanteuse ?

A) Petula Clark
B) Georgette Lemaire
C) Mireille Mathieu

65 En 1963, quel chanteur a lancé la chanson
« **Je me sens très seul** » ?

A) Maurice Fanon
B) Alain Barrière
C) Robert Cogoi

QUESTIONS (1960-1969)

66 Quel chanteur interprète, en 1968, la chanson « **Monia** » ?

A) David Christie
B) Monty
C) Michel Cogoni

67 Nommez le chanteur qui a gravé sur disque la chanson « **Bête à manger du foin** » en 1965.

A) Guy Marchand
B) Marc Aryan
C) Henri Salvador

68 En 1967, quel chanteur popularisa la chanson « **Le Téléfon** » ?

A) Pierre Perret
B) Jacques Dutronc
C) Nino Ferrer

69 Quel chanteur obtint du succès avec la chanson « **Les Marionnettes** » en 1966 ?

A) Adamo
B) Franck Fernandel
C) Christophe

70 Nommez le chanteur qui nous a offert la chanson « **Scandale dans la famille** » en 1965.

A) Jean-Claude Annoux
B) Sacha Distel
C) Claude François

71 Nommez la chanteuse qui connut un succès, en duo avec son mari en 1962, avec la chanson « **À quoi ça sert l'amour** »

A) Line Renaud
B) Zizi Jeanmaire
C) Édith Piaf

72 Quelle chanteuse nous a donné la chanson « **Cent mille chansons** » en 1969 ?

A) Nana Mouskouri
B) Nicoletta
C) Frida Boccara

73 À qui doit-on la chanson « **Le Ciel, le soleil et la mer** », popularisée en 1965 ?

A) François Deguelt
B) Georges Chelon
C) Guy Mardel

74 Quelle chanteuse nous a offert, en 1967, la chanson « **Ma plus belle histoire d'amour** » ?

A) Régine
B) Jacqueline Dulac
C) Barbara

75 Nommez la chanteuse qui fut découverte, en 1967, avec la chanson « **L'Amour est bleu** ».

A) Nicoletta
B) Stone
C) Vicky

76 La chanson « **Alouette** », en 1968, fut un grand succès pour quel chanteur ?

A) Richard Anthony
B) Enrico Macias
C) Gilles Dreu

77 La chanson « **Je n'aurai pas le temps** » tourne régulièrement à la radio en 1968. Quel chanteur en est l'interprète ?

A) Charles Aznavour
B) Jean Ferrat
C) Michel Fugain

78 Nommez le chanteur qui a lancé, en 1966, la chanson « **Où va-t-elle** » ?

A) Érick Saint-Laurent
B) Ronnie Bird
C) Noël Deschamps

79 En 1968, la chanson « **Le Monde est gris, le monde est bleu** » fut un grand succès pour quel chanteur ?

A) Serge Reggiani
B) Hugues Aufray
C) Éric Charden

80 Quel chanteur a rendu populaire la chanson « **Je l'aime** » en 1966 ?

A) Johnny Hallyday
B) Joe Dassin
C) Robert Cogoi

81 Quelle chanteuse interprète les chansons « **Tom Pillibi** » et « **Coucouche panier** » en 1960 ?

A) Gloria Lasso
B) Jacqueline Boyer
C) Dalida

82 Nommez la chanteuse qui, en 1965, nous a donné la chanson « **Le Folklore américain** » ?

A) Annie Philippe
B) France Gall
C) Sheila

83 En 1963, la chanson « **Dominique** » est sur toutes les lèvres. Quelle chanteuse en est l'interprète ?

A) Alice Dona
B) Sœur Sourire
C) Colette Deréal

84 En 1966, quel chanteur a gravé sur disque la chanson « **Angélique** » ?

A) Michel Page
B) Michel Delpech
C) Michel Orso

85 Quelle chanteuse obtint un vif succès, en 1967, avec la chanson « **C'est ma chanson** » ?

A) Mireille Mathieu
B) Marie Laforêt
C) Petula Clark

QUESTIONS (1960-1969)

86 Nommez la chanteuse qui forme un duo avec Serge Gainsbourg, en 1969, dans la chanson « **Je t'aime moi non plus** ».

A) Anna Karina
B) Mireille Darc
C) Jane Birkin

87 La chanson « **Kilimandjaro** », en 1967, fut un succès pour quel chanteur ?

A) Claude François
B) Pascal Danel
C) Jean Ferrat

88 Quel chanteur popularisa la chanson « **J'aime les filles** » en 1967 ?

A) Monty
B) Jacques Dutronc
C) Michel Fugain

89 En 1965, la chanson « **Quatre soleils** » se hisse dans les palmarès. Quelle chanteuse en est l'interprète ?

A) Sylvie Vartan
B) Ria Bartok
C) Nana Mouskouri

90 Nommez la chanteuse qui a lancé la chanson « **Lorsqu'on est heureux** » en 1967.

A) Juliette Gréco
B) Jacqueline Dulac
C) Françoise Hardy

91 La chanson « **Poupée de cire, poupée de son** », en 1965, a été un très grand succès pour quelle chanteuse ?

A) France Gall
B) Sheila
C) Chantal Goya

92 À quel chanteur doit-on la chanson « **Je ne suis plus rien sans toi** », popularisée à l'hiver 1965 ?

A) Richard Anthony
B) Georges Chelon
C) Dick Rivers

93 Quelle chanteuse nous a offert, en 1968, la chanson « **Harley Davidson** » ?

A) Stella
B) Brigitte Bardot
C) Jacqueline Taïeb

94 En 1964, la chanson « **Et pourtant** » fut un grand succès pour quel chanteur ?

A) Alain Barrière
B) Charles Aznavour
C) Robert Cogoi

95 Nommez le chanteur qui rendit célèbre, en 1966, la chanson « **Les Élucubrations** ».

A) Hector
B) Antoine
C) Edouard

QUESTIONS (1960-1969)

96 Quel chanteur interprète la chanson « **Bonjour Marie** » en 1966 ?

A) Hervé Vilard
B) Franck Fernandel
C) Georges Brummell

97 En 1964, quelle chanteuse nous a donné la chanson « **Je suis à toi** » ?

A) Patricia Carli
B) Alice Dona
C) Michèle Torr

98 Nommez le groupe qui nous a offert la chanson « **Oh Lady** » en 1964 ?

A) Les Missiles
B) Les Chats Sauvages
C) Les Chaussettes Noires

99 Quelle chanteuse a rendu populaire la chanson « **La Source** » en 1968 ?

A) Georgette Plana
B) Isabelle Aubret
C) Marie Laforêt

00 Nommez le chanteur qui a immortalisé, en 1968, la chanson « **La Quête** » ?

A) Léo Ferré
B) Jacques Brel
C) Gilbert Bécaud

101 Quel chanteur, en 1970, obtint un immense succès avec la chanson « **Laisse-moi t'aimer** » ?

A) Julien Clerc
B) Mike Brant
C) Jean-François Michael

102 En 1974, quel chanteur popularisa la chanson « **Les P'tites Femmes de Pigalle** » ?

A) Pierre Bachelet
B) Monty
C) Serge Lama

103 Quel chanteur a vu sa chanson « **Où sont les femmes ?** » se hisser au sommet des palmarès en 1977 ?

A) Frank Michael
B) Patrick Juvet
C) Yves Simon

104 Quelle chanteuse obtint un grand succès, en 1971, avec la chanson « **Pourquoi le monde est sans amour** » ?

A) Nicoletta
B) Mireille Mathieu
C) Michèle Torr

105 En 1975, quelle chanteuse nous a donné la chanson « **Une femme avec toi** » ?

A) Nicole Croisille
B) Dalida
C) Noëlle Cordier

106 À l'été 1971, quelle chanteuse nous a offert la chanson
« **Les Rois mages** » ?

A) France Gall
B) Sheila
C) Rika Zaraï

107 À quel chanteur doit-on le succès de la chanson
« **La Maladie d'amour** » en 1973 ?

A) Michel Delpech
B) Michel Sardou
C) Michel Berger

108 Quelle chanteuse est l'interprète de la chanson
« **Après toi** » à l'été 1972 ?

A) Marie-Paule Belle
B) Marie Laforêt
C) Vicky

109 Nommez le chanteur qui a rendu populaire la chanson
« **Rockollection** » en 1977.

A) Plastic Bertrand
B) Dave
C) Laurent Voulzy

110 À l'été 1976, la chanson « **Tu sais je t'aime** » tourne
beaucoup à la radio. Quel chanteur en est l'interprète ?

A) Shake
B) Gérard Delahaye
C) Alain Chamfort

QUESTIONS (1970-1979)

111 Quel chanteur nous a offert la chanson « **Aimer à perdre la raison** » en 1971 ?

A) Alain Barrière
B) Jean Ferrat
C) Georges Moustaki

112 En 1976, la chanson « **Et si tu n'existais pas** » fut un grand succès pour quel chanteur ?

A) Michel Fugain
B) Joe Dassin
C) Jacques Bertin

113 Quel chanteur a créé la chanson « **Avec le temps** » en 1971 ?

A) Félix Marten
B) Léo Ferré
C) Serge Reggiani

114 Nommez le chanteur qui obtint un immense succès, en 1976, avec la chanson « **La Ballade des gens heureux** ».

A) Gérard Lenorman
B) Julos Beaucarne
C) Gérard Manset

115 En 1972, quel chanteur a gravé sur disque la chanson « **La Tendresse** » ?

A) Daniel Guichard
B) Enrico Macias
C) Gérard Manuel

QUESTIONS (1970-1979)

116 La chanson « **Gigi l'amoroso** », en 1975, fut un très grand succès pour quelle chanteuse ?

A) Sylvie Vartan
B) Michèle Torr
C) Dalida

117 Quel chanteur a lancé, en 1977, la chanson « **Toi, la femme mariée** » ?

A) Claude Michel
B) Charles Dumont
C) Charles Aznavour

118 À quel chanteur doit-on la chanson « **Adieu jolie Candy** » en 1970 ?

A) Herbert Léonard
B) Jean-François Michael
C) Mike Brant

119 Nommez la chanteuse qui se fit connaître avec les chansons « **Amoureuse** » et « **Besoin de personne** » en 1972.

A) Brigitte Fontaine
B) Véronique Sanson
C) Catherine Ribeiro

120 Quel duo nous a offert, à l'hiver 1973, la chanson « **Le Prix des allumettes** » ?

A) Sacha Distel et Brigitte Bardot
B) Stone et Charden
C) Johnny Hallyday et Sylvie Vartan

QUESTIONS (1970-1979)

121 Quel chanteur nous a donné la chanson « **Fais-moi un signe** » en 1971 ?

A) Christian Delagrange
B) Gérard Palaprat
C) David Alexandre Winter

122 Quel chanteur popularisa la chanson « **Mammy Blue** » à la fin de l'année 1971 ?

A) René Joly
B) Carlos
C) Roger Whittaker

123 Nommez le chanteur qui a vu sa chanson « **Ça plane pour moi** » se hisser au sommet des palmarès en 1978.

A) Johnny Hallyday
B) Serge Gainsbourg
C) Plastic Bertrand

124 En 1975, la chanson « **C'est ma vie** » a été un succès pour quel chanteur ?

A) Nicolas Peyrac
B) Serge Lama
C) Adamo

125 Quel chanteur a lancé, en 1976, la chanson « **Si j'étais** » ?

A) Richard Cocciante
B) Jacques Higelin
C) Yves Simon

126 Nommez le chanteur qui a gravé sur disque la chanson « **Toute la pluie tombe sur moi** » en 1970.

A) Sacha Distel
B) Monty
C) Richard Anthony

127 Qui nous a offert la pièce instrumentale « **Bimbo Jet** » en 1975 ?

A) Jean-Claude Borelly
B) El Bimbo
C) Richard Clayderman

128 En 1972, quel chanteur nous a offert la chanson « **Kiss Me** » ?

A) C. Jérôme
B) Ringo
C) Claude François

129 Quel chanteur a rendu populaire, en 1973, la chanson « **Fais comme l'oiseau** » ?

A) Nino Ferrer
B) Michel Fugain
C) Gilbert Bécaud

130 Quel acteur donne la réplique à Dalida dans la chanson « **Paroles, paroles** » en 1973 ?

A) Philippe Noiret
B) Francis Perrin
C) Alain Delon

131 La chanson « **Ma préférence** », en 1978, fut un succès pour quel chanteur ?

A) Michel Sardou
B) Julien Clerc
C) François Valéry

132 En 1974, quel chanteur nous a donné la chanson « **Emmanuelle** » ?

A) Pierre Bachelet
B) Alain Barrière
C) Dave

133 Quel chanteur popularisa la chanson « **Les Plaisirs démodés** » en 1972 ?

A) Charles Dumont
B) Charles Aznavour
C) Maxime Le Forestier

134 Nommez le musicien qui nous a offert, en 1977, l'album instrumental **OXYGÈNE**.

A) Vangelis
B) Francis Lai
C) Jean Michel Jarre

135 Quel chanteur a vu sa chanson « **Pour un flirt** » se hisser au sommet des palmarès en 1971 ?

A) Michel Delpech
B) Gilles Marchal
C) Mike Brant

136 Quelle chanteuse a lancé, au printemps 1971, la chanson « **Un banc, un arbre, une rue** » ?

A) Esther Galil
B) Séverine
C) France Gall

137 Nommez le chanteur qui nous a offert les chansons « **Holidays** » et « **On ira tous au paradis** » en 1972.

A) Frédéric François
B) Michel Polnareff
C) Daniel Guichard

138 En 1978, la chanson « **Emmène-moi danser ce soir** » a été un succès pour quelle chanteuse ?

A) Michèle Torr
B) Mireille Mathieu
C) Linda de Suza

139 Quelle chanteuse donne la réplique à Johnny Hallyday, en 1973, sur la chanson « **J'ai un problème** » ?

A) Nicole Croisille
B) Sylvie Vartan
C) Marie-Paule Belle

140 Pour quelle chanteuse les chansons « **Comme je l'imagine** » et « **Une nuit sur ton épaule** » ont-elles été des succès en 1973 ?

A) Marie Laforêt
B) Véronique Sanson
C) Nicoletta

141 À quel chanteur doit-on les chansons « **Le Lac Majeur** » et « **Shami-sha** » en 1972 ?

A) Michel Jonasz
B) Mortimer Shuman
C) Art Sullivan

142 Quel chanteur interprète la chanson « **Gentleman cambrioleur** » en 1975 ?

A) Jacques Dutronc
B) Serge Gainsbourg
C) Alain Chamfort

143 Quelle chanteuse a gravé sur disque la chanson « **C'est le refrain de ma vie** » en 1971 ?

A) Mireille Mathieu
B) Marie
C) Petula Clark

144 Nommez le chanteur qui connut un succès, en 1975, avec la chanson « **Le Sud** ».

A) Guy Skornik
B) Hugues Aufray
C) Nino Ferrer

145 À quel chanteur doit-on la chanson « **Butterfly** », popularisée en 1971 ?

A) Jean-François Michael
B) Gérard Manuel
C) Danyel Gérard

146 Quel groupe, en 1971, nous a donné la chanson « **J'ai tant besoin de toi** » ?

A) Martin Circus
B) Crazy Horse
C) Il était une fois

147 La chanson « **Le téléphone pleure** », en 1975, fut un succès pour quel chanteur ?

A) Claude François
B) Frédéric François
C) Guy Mardel

148 Quel acteur, à l'été 1974, a récité le texte à succès « **Maintenant je sais** » ?

A) Lino Ventura
B) Jean-Paul Belmondo
C) Jean Gabin

149 Nommez le compositeur qui a rendu célèbre, en 1971, la pièce instrumentale « **Theme From Love Story** ».

A) Paul Mauriat
B) Michel Legrand
C) Francis Lai

150 En 1975, quel chanteur a lancé la chanson « **Comme un oiseau qui s'envole** » ?

A) Ringo
B) William Sheller
C) Maximilien

QUESTIONS (1970-1979)

151 Quel chanteur a popularisé, en 1971, la chanson « **La Vente aux enchères** » ?

A) Hervé Vilard
B) Gilbert Bécaud
C) Michel Fugain

152 La chanson « **Pour la dernière fois** » nous a été offerte par quel chanteur en 1973 ?

A) Alain Barrière
B) Charles Aznavour
C) Patrick Juvet

153 En 1979, la chanson « **Tout petit la planète** » tourne énormément à la radio. Quel chanteur en est l'interprète ?

A) Louis Chedid
B) Pierre Vassiliu
C) Plastic Bertrand

154 La chanson « **Je vais t'aimer** », en 1976, fut un immense succès pour quel chanteur ?

A) Serge Lama
B) Gérard Lenorman
C) Michel Sardou

155 Nommez le groupe qui nous a offert la chanson « **Crache ton venin** » en 1979.

A) Trust
B) Bijou
C) Téléphone

QUESTIONS (1970-1979)

156 En 1974, quel chanteur nous a donné la chanson
« **Le Premier Pas** » ?

A) Claude-Michel Schönberg
B) Daniel Guichard
C) Dick Annegarn

157 La chanson « **Salut les amoureux** », en 1973, fut un très
grand succès pour quel chanteur ?

A) Maxime Le Forestier
B) Julien Clerc
C) Joe Dassin

158 Quel chanteur a rendu populaire la chanson « **Le Zizi** »
en 1974 ?

A) Carlos
B) Pierre Groscolas
C) Pierre Perret

159 Qui interprète, à l'automne 1971, la chanson
« **L'Avventura** » ?

A) Les Charlots
B) Stone et Charden
C) Les Poppys

160 Quel chanteur nous a offert les chansons
« **Mon pays bleu** » et « **Le Mistral** » en 1970 ?

A) Michel Delpech
B) Georges Moustaki
C) Roger Whittaker

161 Nommez le chanteur qui a gravé sur disque la chanson « **Mourir auprès de mon amour** » en 1977.

A) Enrico Macias
B) Demis Roussos
C) Adamo

162 En 1975, quel chanteur fut découvert avec la chanson « **So Far Away from L.A.** » ?

A) François Valéry
B) Nicolas Peyrac
C) Yves Simon

163 Nommez l'actrice qui a lancé, en 1970, la chanson « **Tu veux ou tu veux pas** ».

A) Jeanne Moreau
B) Brigitte Bardot
C) Catherine Deneuve

164 À quel chanteur doit-on la chanson « **Laisse-moi vivre ma vie** », popularisée en 1973 ?

A) Michel Delpech
B) Frédéric François
C) Gérard Palaprat

165 Quelle chanteuse obtint un grand succès avec la chanson « **Il venait d'avoir 18 ans** » en 1974 ?

A) Sylvie Vartan
B) Marie Laforêt
C) Dalida

166 À l'été 1978, la chanson « **En chantant** » fut un succès pour quel chanteur ?

A) Laurent Voulzy
B) Michel Sardou
C) Alain Souchon

167 Nommez la chanteuse qui a popularisé la chanson « **Musique** » en 1977.

A) France Gall
B) Françoise Hardy
C) Sheila

168 Quel chanteur nous a donné la chanson « **Hold Up** » en 1975 ?

A) Gérard Manuel
B) Louis Chedid
C) Alain Chamfort

169 Quel chanteur a créé, en 1970, la chanson « **C'est extra** » ?

A) Jean Ferrat
B) Georges Brassens
C) Léo Ferré

170 Quel chanteur a vu sa chanson « **Les Divorcés** » se hisser au sommet des palmarès en 1974 ?

A) Michel Delpech
B) Jean-Michel Caradec
C) Joe Dassin

QUESTIONS (1970-1979)

171 Quelle chanteuse se fit connaître avec les chansons « **Wolfgang et moi** » et « **Café Renard** » en 1974 ?

A) Anne-Marie David
B) Patricia Lavila
C) Marie-Paule Belle

172 Nommez la chanteuse qui forme un duo avec le chanteur Alain Barrière, en 1975, sur la chanson « **Tu t'en vas** ».

A) Frida Boccara
B) Nicole Rieu
C) Noëlle Cordier

173 À l'hiver 1976, la chanson « **Romantique avec toi** » fut un succès pour quel chanteur ?

A) Daniel Guichard
B) Alain Delorme
C) Claude Michel

174 Qui nous a offert la pièce instrumentale « **Le Lac de Côme** » au printemps 1978 ?

A) Richard Clayderman
B) Alain Morisod et Sweet People
C) Jean Michel Jarre

175 Quel chanteur obtint du succès avec la chanson controversée « **Jésus-Christ** » en 1970 ?

A) Serge Gainsbourg
B) Johnny Hallyday
C) Antoine

QUESTIONS (1980-1989)

176 En 1984, la chanson « **Cœur de rocker** » fut un immense succès pour quel chanteur ?

A) Stephan Eicher
B) Julien Clerc
C) Michel Sardou

177 Quel chanteur a créé, en 1981, la chanson « **Je l'aime à mourir** » ?

A) Demis Roussos
B) Alain Barrière
C) Francis Cabrel

178 Nommez le chanteur qui a enregistré la chanson « **Flagrant Délit** » en 1986

A) Michel Fugain
B) Herbert Léonard
C) Didier Barbelivien

179 Quelle chanteuse a popularisé les chansons « **Évidemment** » et « **Ella, elle l'a** » en 1988 ?

A) Michèle Torr
B) Marie Myriam
C) France Gall

180 À quelle chanteuse doit-on le très grand succès « **Joe le taxi** » à l'automne 1987 ?

A) Elsa
B) Lio
C) Vanessa Paradis

181 En 1986, quel chanteur interprète la chanson « **La Langue de chez nous** » ?

A) Gérard Lenorman
B) Yves Duteil
C) Jean Ferrat

182 Nommez le chanteur qui a vu sa chanson « **Le Rital** » se hisser au sommet des palmarès en 1984.

A) François Feldman
B) Claude Barzotti
C) Étienne Daho

183 Quelle chanteuse a rendu populaire, en 1986, la chanson « **De la main gauche** » ?

A) Jeanne Mas
B) Nana Mouskouri
C) Danielle Messia

184 En 1981, quel chanteur a lancé la chanson « **Elle est d'ailleurs** » ?

A) Pierre Bachelet
B) Hervé Vilard
C) Gérard Berliner

185 Qui obtint un succès, en 1985, avec la chanson « **Femme libérée** » ?

A) Philippe Lavil
B) Jean-Jacques Lafon
C) Cookie Dingler

186 La chanson « **Mon mec à moi** » nous a fait découvrir quelle chanteuse en 1989 ?

A) Elsa
B) Shona
C) Patricia Kaas

187 À l'été 1987, la chanson « **L'Amour à la plage** » tourne beaucoup à la radio. À qui doit-on ce succès ?

A) Niagara
B) Jo Lemaire
C) Julie Pietri

188 Quel chanteur nous a offert, en 1983, les chansons « **Dès que le vent soufflera** » et « **En cloque** » ?

A) Bernard Lavilliers
B) Renaud
C) Jean-Patrick Capdevielle

189 Nommez la chanteuse qui, en 1983, a enregistré la chanson « **Africa** ».

A) Karen Cheryl
B) Rose Laurens
C) Jakie Quartz

190 En 1982, quel chanteur nous a offert « **Chanson d'innocence** » ?

A) Gérard Lenorman
B) Francis Cabrel
C) Daniel Balavoine

191 Quelle chanteuse a popularisé les chansons « **Toutes les mamas** » et « **Pas gaie la pagaille** » en 1989 ?

A) Elli Medeiros
B) Maurane
C) Mylène Farmer

192 Nommez la formation qui connut un succès avec la chanson « **La Machine à danser** » en 1988.

A) Zouk Machine
B) Ottawan
C) La Compagnie Créole

193 En 1986, quelle chanteuse nous a donné la chanson « **Nuit magique** » ?

A) Muriel Dacq
B) Linda de Suza
C) Catherine Lara

194 À quel chanteur doit-on la chanson « **Quand la musique est bonne** » en 1983 ?

A) Serge Gainsbourg
B) Jean-Jacques Goldman
C) Pierre Rapsat

195 Quel chanteur, en 1986, nous a offert la chanson « **Pour une biguine avec toi** » ?

A) Marc Lavoine
B) François Feldman
C) C. Jérôme

QUESTIONS (1980-1989)

196 Nommez la formation qui obtint du succès avec la chanson « **3ᵉ Sexe** » en 1986.

A) Gold
B) Les Avions
C) Indochine

197 En 1988, quel chanteur a créé la chanson « **Aime-moi / encore au moins** » ?

A) Tom Novembre
B) Charlélie Couture
C) Stephan Eicher

198 Quelle chanteuse, en 1982, popularisa la chanson « **Je chante avec toi liberté** » ?

A) Frida Boccara
B) Mireille Mathieu
C) Nana Mouskouri

199 La chanson « **La Folie** » tourne beaucoup à la radio en 1984. Quelle chanteuse en est l'interprète ?

A) Michèle Torr
B) Valérie Lagrange
C) Sapho

200 Quel chanteur popularisa la chanson « **Mon cœur te dit je t'aime** » en 1985 ?

A) Michel Sardou
B) Frank Michael
C) Frédéric François

201 La chanson « **Besoin de rien, envie de toi** », en 1984, est sur toutes les lèvres. Quel duo en est l'interprète ?

A) Julie et Herbert Léonard
B) Peter et Sloane
C) Chagrin D'Amour

202 À l'été 1983, quel chanteur a vu sa chanson « **Méditerranéenne** » se hisser dans les palmarès ?

A) Enrico Macias
B) Julien Clerc
C) Hervé Vilard

203 À qui doit-on l'immense succès de la chanson « **Marcia Baila** » en 1985 ?

A) Rose Laurens
B) Les Rita Mitsouko
C) Dorothée

204 Qui interprète les chansons « **Ça c'est vraiment toi** » et « **Cendrillon** » en 1982 ?

A) Starshooter
B) Thierry Pastor
C) Téléphone

205 Quelle chanteuse donne la réplique au chanteur Bernard Lavilliers dans la chanson « **Idées noires** » à l'été 1983 ?

A) Jakie Quartz
B) Nicoletta
C) Jeane Manson

206 La chanson « **Du rhum, des femmes** » tourne énormément à la radio à l'hiver 1989. Qui interprète ce succès ?

A) Soldat Louis
B) Hubert-Félix Thiéfaine
C) Marc Lavoine

207 Qui interprète, au printemps 1981, la chanson à succès « **Haut les mains** » ?

A) Ottawan
B) La Compagnie Créole
C) Carlos

208 Quelle chanteuse a enregistré, en 1987, la chanson « **Toi mon toit** » ?

A) Lio
B) Elli Medeiros
C) Carol Arnauld

209 Nommez la chanteuse qui fut découverte, en 1987, avec la chanson « **Libertine** ».

A) Caroline Loeb
B) Corynne Charby
C) Mylène Farmer

210 À l'été 1986, quelle chanteuse a rendu populaire la chanson « **En rouge et noir** » ?

A) Bibie
B) Jane Birkin
C) Jeanne Mas

211 Au printemps 1986, la chanson controversée « **Miss Maggie** » s'inscrit au palmarès. Quel chanteur en est l'interprète ?

A) Jean-Luc Lahaye
B) Jacques Higelin
C) Renaud

212 Nommez la chanteuse qui a lancé, en 1988, la chanson « **Marilyn & John** ».

A) Guesch Patti
B) Elsa
C) Vanessa Paradis

213 À quel groupe doit-on la chanson « **Voilà l'été** », popularisée en 1989 ?

A) Les Négresses Vertes
B) Bérurier Noir
C) Les Garçons Bouchers

214 Quelle chanteuse popularisa, à l'été 1986, la chanson « **Ouragan** » ?

A) Véronique Sanson
B) Martine Clémenceau
C) Stéphanie

215 Nommez le chanteur qui nous a donné la chanson « **Quand t'es dans le désert** » en 1980.

A) Alain Chamfort
B) Jean-Patrick Capdevielle
C) Michel Berger

QUESTIONS (1980-1989)

216 En 1986, les chansons « **C'est comme ça** » et « **Andy** » ont été des succès pour quelle formation ?

A) Les Forbans
B) Cookie Dingler
C) Les Rita Mitsouko

217 À qui doit-on le succès de la chanson « **Je dois m'en aller** » à l'hiver 1987 ?

A) Blues Trottoir
B) Catherine Lara
C) Niagara

218 La chanson « **Musica** », en 1982, est sur toutes les lèvres. Quel chanteur en est l'interprète ?

A) Daniel Balavoine
B) Michel Sardou
C) Julio Iglesias

219 Au printemps 1981, quelle chanteuse a vu sa chanson « **Assez super** » se hisser dans les palmarès ?

A) Karen Cheryl
B) Julie Pietri
C) Mino

220 Quelle chanteuse donne la réplique au chanteur Marc Lavoine sur la chanson « **Qu'est-ce que t'es belle** » en 1987 ?

A) Maurane
B) Catherine Ringer
C) Marlène Jobert

221 Qui a popularisé la chanson à succès « **Chacun fait c'qui lui plaît** » à l'hiver 1982 ?

A) Louis Chédid
B) Chagrin D'Amour
C) Philippe Lavil

222 Nommez le chanteur qui nous a offert, en 1983, la chanson « **Le Mambo du décalco** ».

A) Richard Gotainer
B) Michel Jonasz
C) Henri Salvador

223 Quel chanteur a gravé sur disque, en 1980, la chanson « **Gaby oh Gaby** » ?

A) Plastic Bertrand
B) Alain Bashung
C) Patrick Juvet

224 En 1987, la chanson « **Les Brunes comptent pas pour des prunes** » tourne beaucoup à la radio. Quelle chanteuse en est l'interprète ?

A) Corynne Charby
B) Lio
C) Elli Medeiros

225 Nommez le chanteur qui a créé la chanson « **Trafic** » en 1980.

A) Bernard Lavilliers
B) Serge Gainsbourg
C) Francis Cabrel

226 Quel chanteur, en 1990, obtint un grand succès avec la chanson « **Cœur de loup** » ?

A) Marc Lavoine
B) François Feldman
C) Philippe Lafontaine

227 Nommez le chanteur qui a rendu populaires les chansons « **Animal** » et « **Rosie** » en 1990.

A) Nicolas Peyrac
B) Francis Cabrel
C) Michel Sardou

228 Quelle chanteuse nous a offert, en 1997, la chanson « **Les Poèmes de Michelle** » ?

A) Ophélie Winter
B) Teri Moïse
C) Axelle Red

229 En 1995, la chanson « **Sur la route** » a été lancée par quel chanteur ?

A) Florent Pagny
B) Gérald de Palmas
C) Gérard Manset

230 Quel chanteur a vu sa chanson « **Osez Joséphine** » se hisser dans les palmarès en 1992 ?

A) Alain Bashung
B) Axel Bauer
C) Francis Lalanne

231 Nommez la chanteuse qui obtint un grand succès avec la chanson « **Il me dit que je suis belle** » en 1994.

A) Liane Foly
B) Patricia Kaas
C) Laura Pausini

232 La chanson « **Miss Monde pleure** », en 1990, tourne énormément à la radio. Quel groupe en est l'interprète ?

A) Les Innocents
B) Indochine
C) Noir Désir

233 Les chansons « **Victime de la mode** » et « **Caroline** » ont été popularisées par quel chanteur en 1992 ?

A) Tonton David
B) Ménélik
C) MC Solaar

234 Qui nous a offert la chanson « **La Tribu de Dana** » en 1998 ?

A) Daran
B) Pascal Obispo
C) Manau

235 La chanson « **J't'emmène au vent** », en 1997, fut un succès pour quelle formation ?

A) Autour de Lucie
B) Louise Attaque
C) G Squad

236 Quel chanteur nous a donné la chanson
« **Comme des enfants qui jouent** » en 1993 ?

A) David Dexter
B) Murray Head
C) Étienne Daho

237 Nommez la chanteuse qui interprète, en 1995,
la chanson « **Juste quelqu'un de bien** ».

A) Mylène Farmer
B) Liane Foly
C) Enzo Enzo

238 En 1992, quel chanteur a popularisé la chanson
« **Déjeuner en paix** » ?

A) Alain Souchon
B) Stephan Eicher
C) Philippe Lafontaine

239 Nommez le chanteur qui a enregistré, en 1993,
la chanson « **Mais où est la musique ?** »

A) Claude Barzotti
B) Michel Fugain
C) Dany Brilliant

240 La chanson « **Oui je l'adore** », en 1990, a été lancée
par quelle chanteuse ?

A) Linda Williams
B) Joëlle Ursull
C) Pauline Ester

241 En 1990, quel chanteur a vu sa chanson « **Fais-moi une place** » se hisser au sommet des palmarès ?

A) Nicolas Peyrac
B) Julien Clerc
C) Robert Sart

242 Quel chanteur obtint un grand succès avec la chanson « **Qui a le droit** », en 1992 ?

A) Herbert Léonard
B) Francis Cabrel
C) Patrick Bruel

243 En 1993, pour qui la chanson « **Dur dur d'être un bébé !** » fut-elle un grand succès ?

A) Fanny
B) Chantal Goya
C) Jordy

244 À qui doit-on la chanson « **À toutes les filles** » en 1990 ?

A) Didier Barbelivien et Félix Gray
B) Les Vagabonds
C) Gérard Blanc

245 Nommez le chanteur qui nous a offert la chanson « **Les Années Caroline** » en 1991.

A) François Feldman
B) Maxime Le Forestier
C) Jean-Jacques Lafon

246 À l'hiver 1994, quelle chanteuse fut révélée avec la chanson « **Sensualité** » ?

A) Zazie
B) Alana Filippi
C) Axelle Red

247 Quel chanteur obtint un immense succès avec la chanson « **Foule sentimentale** » à l'automne 1993 ?

A) Étienne Daho
B) Alain Souchon
C) Nilda Fernandez

248 En 1999, quel chanteur nous a donné la chanson « **Mourir les yeux ouverts** » ?

A) Florent Pagny
B) Jean-Jacques Goldman
C) David Hallyday

249 La chanson « **Désenchantée** » a été popularisée au printemps 1991 par quelle chanteuse ?

A) Mylène Farmer
B) Anna Domino
C) Jil Caplan

250 À quelle chanteuse doit-on la chanson « **Je marche à l'envers** », à l'automne 1998 ?

A) Lââm
B) Anggun
C) Ophélie Winter

251 En 1999, « **Tomber la chemise** » tourne régulièrement à la radio. Quel groupe en est l'interprète ?

A) Manau
B) Matmatah
C) Zebda

252 La chanson « **Tandem** » a été un succès à l'été 1990 pour quelle chanteuse ?

A) Elsa
B) Shona
C) Vanessa Paradis

253 Quel chanteur a rendu populaire la chanson « **Lola** » en 1999 ?

A) Allan Théo
B) Renaud
C) Gérald de Palmas

254 En 1990, quel groupe nous a offert la chanson « **Aux sombres héros de l'amer** » ?

A) Les Forbans
B) Les Négresses Vertes
C) Noir Désir

255 Quel chanteur a lancé, en 1993, la chanson « **Quelque chose de toi** » ?

A) Daniel Seff
B) Nicola Sirkis
C) Stephan Eicher

QUESTIONS (1990-1999)

256 La chanson « **Tout court** » tourne régulièrement à la radio en 1990. Quelle chanteuse en est l'interprète ?

A) Véronique Sanson
B) Maurane
C) Véronique Rivière

257 Nommez le chanteur qui a enregistré, en 1998, les chansons « **Ensemble** » et « **Si c'est bon comme ça** ».

A) Sinclair
B) Miossec
C) Daran

258 Quelle chanteuse a vu sa chanson « **Vivre** » se hisser dans les palmarès en 1998 ?

A) Hélène Segara
B) Patricia Kaas
C) Jane Fostin

259 Quel chanteur nous a donné, en 1997, la chanson « **Il faut du temps** » ?

A) Marc Lavoine
B) Khaled
C) Pascal Obispo

260 Au début de 1990, qui a remis au goût du jour la chanson « **Johnny (tu n'es pas un ange)** » ?

A) Les Innocents
B) Vaya Con Dios
C) Pigalle

261 Quelle formation nous a offert, à l'été 1990, la chanson « **Maldon** » ?

A) La Compagnie Créole
B) Soldat Louis
C) Zouk Machine

262 Nommez le groupe qui popularisa la chanson « **Des fleurs pour Salinger** » en 1990.

A) Les Infidèles
B) Les Vagabonds
C) Indochine

263 En 1998, quelle chanteuse se fit connaître avec les chansons « **La Rose des vents** » et « **La Neige au Sahara** » ?

A) Anggun
B) La Grande Sophie
C) Clarika

264 Quel chanteur a interprété, en 1999, la chanson « **Tu ne m'as pas laissé le temps** » ?

A) Allan Théo
B) Patrick Sébastien
C) David Hallyday

265 À qui doit-on le succès de la chanson « **À nos actes manqués** » en 1991 ?

A) Blues Trottoir
B) Fredericks Goldman Jones
C) Niagara

266 Nommez la formation qui fut révélée par la chanson
« **Aucune fille au monde** » au printemps 1997 ?

A) 2 Be 3
B) Alliage
C) G Squad

267 Quelle chanteuse a rendu populaire, en 1991,
la chanson « **S'en balancer** » ?

A) Marie Myriam
B) Liane Foly
C) Véronique Rivière

268 Nommez le chanteur qui remit au goût du jour
la chanson « **Mon manège à moi** » en 1994.

A) Étienne Daho
B) Daniel Seff
C) Philippe Lafontaine

269 En 1990, la chanson « **Casser la voix** » a été
un immense succès pour quel chanteur ?

A) Michel Sardou
B) François Valéry
C) Patrick Bruel

270 Quel chanteur a enregistré, en 1994, la chanson
« **Je t'aimais, je t'aime, je t'aimerai** » ?

A) Thomas Fersen
B) Pierre Bachelet
C) Francis Cabrel

271 La chanson « **Les hommes qui passent** » fut un succès en 1990 pour quelle chanteuse ?

A) Viktor Lazlo
B) Elsa
C) Patricia Kaas

272 À l'été 1997, la chanson « **Rien que d'y penser** » tourne beaucoup à la radio. Quelle chanteuse en est l'interprète ?

A) Teri Moïse
B) Axelle Red
C) Enzo Enzo

273 Quel chanteur a créé les chansons « **L'Amour à la machine** » et « **Sous les jupes des filles** » en 1994 ?

A) Michel Françoise
B) Alain Souchon
C) Stephan Eicher

274 Nommez la chanteuse qui nous a donné, en 1996, la chanson « **L'Instant X** » ?

A) Emeline Michel
B) Mylène Farmer
C) Juliette

275 Quel chanteur nous a offert la chanson « **Savoir aimer** » en 1998 ?

A) Jean-Jacques Goldman
B) Sinclair
C) Florent Pagny

QUESTIONS (2000-2005)

276 Quel chanteur a rendu populaire, en 2000, la chanson
« **Depuis toujours** » ?

A) Miossec
B) Francis Cabrel
C) Jean-Louis Murat

277 La chanson « **Quelqu'un m'a dit** » a été un grand
succès pour quelle chanteuse en 2003 ?

A) Mylène Farmer
B) Carla Bruni
C) Keren Ann

278 En 2001, quelle chanteuse a lancé la chanson
« **Près de moi** » ?

A) Axelle Red
B) Lorie
C) Vanessa Paradis

279 Nommez le chanteur qui nous a offert, en 2000, les
chansons « **Augustin & Anita** » et « **Quelque chose
en moi** ».

A) Daran
B) M
C) Gérald de Palmas

280 Quel groupe popularisa la chanson « **J'ai demandé
à la Lune** » en 2002 ?

A) Noir Désir
B) Indochine
C) Astonvilla

281 À quel chanteur doit-on la chanson « **Ces soirées-là** » en 2000 ?

A) Yannick
B) Saez
C) Wyclef Jean

282 En 2003, quelle formation fut découverte avec la chanson « **Tchi-cum-bah** » ?

A) Superbus
B) Mypollux
C) Tryo

283 La chanson « **L'envie d'aimer** », en 2001, a été un succès pour quel chanteur ?

A) Daniel Lévi
B) Bénabar
C) Jean Simon

284 Nommez le chanteur qui forme un duo avec la chanteuse Luz Casal sur la chanson « **Soledad** » en 2000.

A) Johnny Hallyday
B) Pascal Obispo
C) Nilda Fernandez

285 Quel chanteur nous a donné l'album **CHAMBRE AVEC VUE** en 2000 ?

A) Charles Aznavour
B) Henri Salvador
C) Charles Trenet

286 La chanson « **J'te mentirais** », en 2000, a été popularisée par quel chanteur ?

A) Raphaël
B) Thomas Fersen
C) Patrick Bruel

287 En 2002, la chanson « **C'est une belle journée** » fut un succès pour quelle chanteuse ?

A) Mylène Farmer
B) Julie B. Bonnie
C) Karin Clercq

288 Nommez le groupe qui nous a offert les chansons « **La Plume** » et « **Tu dis rien** » en 2000.

A) Matmatah
B) Louise Attaque
C) Les Wampas

289 Quel chanteur interprète la chanson « **Une femme comme toi** » en 2002 ?

A) Bryan Adams
B) Michael Bolton
C) Chris De Burgh

290 La chanson « **Moi... Lolita** » a été un succès pour quelle chanteuse en 2001 ?

A) Alizée
B) Julie Zenatti
C) Nâdiya

291 La chanteuse Axelle Red forme un duo avec quel chanteur sur la chanson « **Manhattan-Kaboul** » en 2003 ?

A) Bernard Lavilliers
B) Renaud
C) Stephan Eicher

292 Quelle chanteuse a enregistré la chanson « **Sache** » en 2003 ?

A) Juliette
B) Ophélie Winter
C) Olivia Ruiz

293 Nommez le groupe qui a rendu populaire la chanson « **Le Vent nous portera** » en 2002.

A) Indochine
B) La Tordue
C) Noir Désir

294 Quel chanteur fit un succès avec la chanson « **Emmène-moi** » en 2000 ?

A) Florent Pagny
B) Arthur H
C) Allan Théo

295 La chanson « **Je dis aime** », en 2000, nous a fait découvrir quel chanteur ?

A) Cali
B) Calogero
C) M

296 Quel groupe interprète la chanson « **Le Chemin** » en 2003 ?

A) Tryo
B) Kyo
C) Les Têtes Raides

297 Quelle chanteuse popularisa les chansons « **Je veux vivre** » et « **Septième Ciel** » en 2000 ?

A) Jane Fostin
B) Hélène Segara
C) Patricia Kaas

298 Quel duo nous a donné la chanson « **Un monde à nous** » en 2002 ?

A) Axel Bauer et Zazie
B) Lââm et Frank Sherbourne
C) Mylène Farmer et Seal

299 Quel chanteur a lancé, en 2000, la chanson « **Sang pour sang** » ?

A) Alain Bashung
B) Johnny Hallyday
C) Dick Rivers

300 La chanson « **Respire** » tourne beaucoup à la radio en 2003. Quel groupe en est l'interprète ?

A) Luke
B) Zebda
C) Mickey 3D

RÉPONSES (1955-1959)

1

B) JACQUES BREL

Né à Bruxelles, Belgique (1929-1978). Il s'installe à Paris où il se produi dans plusieurs cabarets. La chanson « Quand on n'a que l'amour » figure sur son deuxième album qui reçoit un prix de l'Académi Charles-Cros. Avec son talent, il s'impose comme l'un des grands d la chanson française.

2

C) CHARLES TRENET

Né à Narbonne, France (1913-2001). Sa carrière débute en 193 lorsqu'il forme un duo avec Johnny Hess. Après son service militaire en 1937, il décide de faire cavalier seul. C'est grâce à des chanson telles que « Je chante », « Y'a d'la joie », « Boum » et « La Mer » qu' devient une grande vedette de la chanson et qu'on le surnomme L Fou Chantant. Après la Seconde Guerre mondiale, il quitte pour le États-Unis (New York et Los Angeles), puis pour le Brésil ave quelques passages à Paris. Il s'installe ensuite au Québec pendant u long moment pour revenir définitivement en France en 1954. Autre chansons populaires des années 1950 : « Mes jeunes années » « L'Âme des poètes », « Vous qui passez sans me voir » et « Le Jardi extraordinaire ».

3

C) ÉDITH PIAF

Née Édith Giovanna Gassion à Paris, France (1915-1963). Après un enfance chaotique, elle devient chanteuse dans les rues de Paris. E 1935, Louis Leplée, directeur d'un cabaret, l'engage pour chanter sou le nom de La môme Piaf. C'est à partir de 1937 qu'elle gravit l'escalie de la gloire : chansons, spectacles et tournées lui ouvrent les porte du succès.

4

A) GEORGES BRASSENS

Né à Sète, France (1921-1981). Il arrive à Paris en 1940. En mars 194: il doit partir en Allemagne (Service du travail obligatoire) où il écrit se premières chansons. En 1952, il débute dans les cabarets parisien puis reçoit un prix de l'Académie Charles-Cros en 1954. Autres succè de la décennie : « La Mauvaise Réputation », « Le Gorille », « Les Amou reux des bancs publics » et « La Chasse aux papillons ».

5

B) MAGALI NOËL

Née Magali Guiffray à Izmir, Turquie, en 1932. Elle arrive à Paris en 193 où, attirée par le monde artistique, elle suit des cours de danse et d musique. Elle entreprend une carrière au cinéma au début des année 1950. En 1956, elle rencontre l'auteur Boris Vian qui lui écrit plusieur chansons, dont « Fais-moi mal, Johnny » qui la rend célèbre. Maga Noël mène alors ses deux passions de front avec succès.

RÉPONSES (1955-1959)

6

A) LINE RENAUD

Née Jacqueline Enté à Armentières, France, en 1928. Elle s'installe à Paris après la libération. Elle obtient un grand succès avec la chanson « Ma cabane au Canada », récompensée en 1948 par l'Académie Charles-Cros. Dans les années 1950, elle fait des tournées qui la mènent en Angleterre et aux États-Unis. Autres chansons populaires de la décennie : « Ma petite folie », « Le Chien dans la vitrine » et « Que sera sera ».

7

C) YVES MONTAND

Né Ivo Livi à Monsummano Alto, Italie (1921-1991). Il a deux ans lorsque ses parents arrivent à Marseille. Il débute véritablement à Paris en 1944, puis il triomphe en 1951 lors de son premier spectacle solo. Autres chansons populaires des années 1950 : « Les Feuilles mortes », « Les Grands Boulevards », « La Marie Vison » et « Le Carrosse ». Au cinéma, il joue entre autres dans les films : *Le Salaire de la peur* (1953), *Les héros sont fatigués* (1955), *Les Sorcières de Salem* (1957) et *La Loi* (1958).

8

B) FRANCIS LEMARQUE

Né Nathan Korb à Paris, France (1917-2002). Il débute dans la chanson en duo avec son frère en 1935, puis s'intéresse au théâtre. Après la Seconde Guerre mondiale (1939-1945), il revient à la chanson et se produit dans les cabarets parisiens. Il écrit également pour d'autres interprètes, dont Yves Montand, Juliette Gréco, Marcel Amont et Patachou. Dans les années 1950, Francis Lemarque obtient un grand succès avec la chanson « Le Petit Cordonnier ».

9

B) LUCIENNE DELYLE

Née à Paris, France (1917-1962). Elle commence sa carrière en 1939 et devient l'une des plus grandes interprètes des années 1950. En février 1954, elle est la première tête d'affiche d'un tout nouveau music-hall : *l'Olympia*. Autres chansons populaires de la décennie : « La Valse des orgueilleux » « La Chapelle au clair de lune » et « Tu n'as pas très bon caractère ».

10

B) DARIO MORENO

Né Dario Arugete à Smyrne, Turquie (1921-1968). Il arrive en France au début des années 1950 et se taille une place tant dans l'opérette (*Le Chanteur de Mexico* et *La Vie parisienne*) que dans la chanson populaire aux rythmes latins. Il entame également une carrière au cinéma : *La Môme vert-de-gris* (1952), *Le Mouton à cinq pattes* (1954) et *Œil pour œil* (1957). « Si tu vas à Rio » est une version de la chanson « Madureira chorou » du chanteur Jair Rodrigues de Oliveira.

RÉPONSES (1955-1959)

11 C) GILBERT BÉCAUD

Né François Silly à Toulon, France (1927-2001). Après avoir étudié au Conservatoire de musique de Nice, il devient le pianiste du chanteur Jacques Pills (1950-1952) et se produit dans les cabarets parisiens. En 1955, il fait l'Olympia, et le jeune public manifeste son enthousiasme en cassant les fauteuils. Les médias le surnomment Monsieur 100 000 volts. Autres chansons populaires des années 1950 : « Le Jour où la pluie viendra », « Le Marchand de ballons », « La Ballade des baladins » et « Je t'appartiens ».

12 A) CHARLES AZNAVOUR

Né Shahnourh Vanenagh Aznavourian à Paris, France, en 1924. De 1942 à 1950, il forme un duo avec Pierre Roche et écrit pour d'autres interprètes, dont Patachou, Juliette Gréco, Édith Piaf, Philippe Clay et Gilbert Bécaud. En 1956, Eddie Barclay (1921-2005) lui fait enregistrer ses nouvelles chansons. Entre 1956 et 1959, il récolte ce qu'il a semé : des chansons à succès : « Viens au creux de mon épaule », « Pour faire une jam », « Sa jeunesse » et « On ne sait jamais ».

13 B) MICK MICHEYL

Née Paulette Michey à Lyon, France, en 1922. Elle gagne un concours de la chanson en 1947, puis remporte le prix de la chanson de charme en 1950. Elle reçoit un prix de l'Académie Charles-Cros en 1953. Autres chansons populaires des années 1950 : « Un gamin de Paris », « Amour » et « Pour danser le calypso ».

14 B) SERGE GAINSBOURG

Né Lucien Ginzburg à Paris, France (1928-1991). Adolescent, il entre à l'École des Beaux-Arts. Il devient ensuite pianiste de bar, puis se consacre à la chanson. « Le Poinçonneur des Lilas » figure sur son premier album DU CHANT À LA UNE, qui reçoit le *Grand Prix* de l'Académie Charles-Cros. Gilles Verlant publie la biographie *Gainsbourg* (Éditions Albin Michel) en 2000.

15 B) EDDIE CONSTANTINE

Né à Los Angeles, États-Unis (1917-1993). Il arrive en France en 194 et fait la connaissance de la chanteuse Édith Piaf, qui le prend sous sa protection. À partir de 1952, il mène de front deux carrières : chanteur et acteur. Quelques-unes de ses chansons populaires des années 1950 : « Et bâiller et dormir », « Un enfant de la balle » et « L'Homme et l'enfant ». Au cinéma, il incarne Lemmy Caution dans les films *La Môme vert-de-gris* (1952), *Les Femmes s'en balancent* (1953) et *Cet homme est dangereux* (1953).

RÉPONSES (1955-1959)

16 C) SIDNEY BECHET

Né à la Nouvelle-Orléans, États-Unis (1897-1959). Il est clarinettiste, saxophoniste, compositeur et chef d'orchestre de renommée internationale. En 1949, il triomphe au Festival de jazz de Paris et, l'année suivante, il s'installe définitivement en France. « Petite Fleur » fut enregistrée en 1952, mais cette pièce instrumentale n'est devenue un succès qu'en 1959.

17 C) SACHA DISTEL

Né à Paris, France (1933-2004). Il est le neveu du célèbre chef d'orchestre Ray Ventura (1908-1979). Adolescent, il apprend la guitare grâce aux précieux conseils du musicien et chanteur Henri Salvador (1917-2008). En 1955, suite au référendum des lecteurs et des musiciens organisé par les revues *Jazz Hot* et *Jazz Magazine*, il est élu premier guitariste de France. Le 28 septembre 1958, il est invité à l'émission américaine *The Ed Sullivan Show*. « Scoubidou » est une version de la chanson « Apples, Peaches and Cherries » (1954) de la chanteuse Peggy Lee.

18 A) COLETTE RENARD

Née Colette Raget à Ermont, France (1924-2010). Après de sérieuses études musicales, elle devient la chanteuse et la femme du chef d'orchestre Raymond Legrand. Elle incarne Irma la douce dans la comédie musicale du même nom. Autre succès des années 1950 : « Ça c'est d'la musique ».

19 A) LUIS MARIANO

Né Mariano Eusebio González y García à Irun, Espagne (1914-1970). Au début des années 1940, il fait la connaissance du compositeur Francis Lopez et, en 1945, celui-ci lui propose le rôle principal dans l'opérette *La Belle de Cadix*. Autres chansons populaires des années 1950 : « Mexico », « L'amour est un bouquet de violettes » et « C'est magnifique ». Il a tourné dans plusieurs films musicaux, dont *Violettes impériales* (1952), *La Belle de Cadix* (1953), et *Le Chanteur de Mexico* (1956).

20 B) PHILIPPE CLAY

Né Philippe Mathevet à Paris, France (1927-2007). Il fait le Conservatoire d'art dramatique, puis gagne un concours de chansons. Il se produit dans les cabarets parisiens au début des années 1950. Son répertoire unit la tradition du music-hall et la chanson fantaisiste. Il tourne dans plusieurs films, dont *French Cancan* (1954) et *Notre-Dame de Paris* (1956).

RÉPONSES (1955-1959)

21 B) MOULOUDJI

Né Marcel Mouloudji à Paris, France (1922-1994). Comédien, acteur, peintre, romancier (*Prix de la Pléiade* en 1945 pour *Enrico*) et chanteur (*Grand prix du disque* en 1953 avec la chanson « Comme un p'tit coquelicot »). En 1954, il enregistre « Le Déserteur » de Boris Vian, mais la chanson sera interdite sur les ondes radiophoniques en France.

22 C) GUY BÉART

Né Guy Béhar au Caire, Égypte, en 1930. À dix-sept ans, il arrive à Paris pour entrer à l'École nationale de musique. Il chante dans les cabarets parisiens et réussit à enregistrer ses premières chansons en 1957. « L'Eau vive » et « Bal chez Temporel », sont deux autres chansons populaires des années 1950.

23 C) ÉDITH PIAF

« L'Homme à la moto » est une version de la chanson « Black Denim Trousers » du groupe The Cheers. Autres succès des années 1950 « L'Hymne à l'amour », « Padam padam », « L'Accordéoniste », « La Goualante du pauvre Jean » et « Les Amants d'un jour ».

24 B) GLORIA LASSO

Née Rosa Maria Coscolín Figueras à Barcelone, Espagne (1928-2005). Elle s'établit en France en 1954. « Étrangère au paradis » est une version de la chanson « Stranger in Paradise » du chanteur Tony Bennett extraite de la comédie musicale américaine *Kismet*. Le disque se vend à plus d'un million d'exemplaires dans la francophonie. Autres chansons populaires de la décennie : « Padre dom José » et « Bon voyage ».

25 B) DALIDA

Née Yolanda Gigliotti au Caire, Égypte (1933-1987). Elle arrive à Paris en 1954 pour faire du cinéma, mais sa carrière bifurque vers la chanson. Autres succès des années 1950 : « Bambino », « Gondolier » et « Come prima ».

26 B) DICK RIVERS

Né Hervé Forniéri à Nice, France, en 1945. Il a choisi son nom d'artiste d'après le personnage qu'interprète le chanteur Elvis Presley (Deke Rivers) dans le film *Loving You* (1957). Il est le chanteur du groupe Les Chats Sauvages (1960-1962). « Viens me faire oublier » est une version de la chanson « Mia Piaci come sei » du chanteur Luciano Tomei.

27 B) NICOLETTA

Née Nicole Grisoni à Vongy, France, en 1944. « La Musique » est une version de la chanson « Angelica » du chanteur Barry Mann. Elle publie, en 1977, *45 tours et puis s'en vont* (Éditions Robert Laffont).

28 C) JOHNNY HALLYDAY

Né Jean-Philippe Smet à Paris, France, en 1943. C'est en juin 1960, avec la chanson « Souvenirs souvenirs », qu'il amorce véritablement sa carrière de chanteur. « Le Pénitencier » est une version de la chanson « House of the Rising Sun » du groupe The Animals.

29 C) GEORGES MOUSTAKI

Né Giuseppe Mustacchi à Alexandrie, Égypte, en 1934. Il arrive à Paris en 1951, puis se produit dans plusieurs cabarets. Georges Moustaki rencontre la chanteuse Édith Piaf en 1958. Il lui écrit plusieurs chansons, dont « Milord » qui deviendra un grand succès. Durant les années 1960, il écrit également pour Serge Reggiani, Juliette Gréco et Colette Renard. Il reçoit un prix de l'Académie Charles-Cros pour son album qui contient « Le Métèque » ainsi que les chansons populaires « Ma solitude », « Il est trop tard » et « Le temps de vivre ». L'album se vend à plus d'un million d'exemplaires dans la francophonie. Louis-Jean Calvet publie la biographie *Georges Moustaki : La Balade du Métèque* (Éditions Fayard/Chorus) en 2005.

30 A) JEAN FERRAT

Né Jean Tenenbaum à Vaucresson, France (1930-2010). Il débute dans les cabarets parisiens, en 1954, avec le répertoire des chanteurs Mouloudji et Yves Montand. La chanson « Ma môme » le fait connaître enfin comme auteur-compositeur-interprète en 1960.

31 C) CLAUDE FRANÇOIS

Né à Ismaïlia, Égypte (1939-1978). Il arrive en France en 1956 et commence sa carrière de musicien comme batteur dans l'orchestre d'Aimé Barelli, puis du chanteur Olivier Despax. C'est en 1962 qu'il enregistre son premier succès « Belles, belles, belles »; puis suivront « Si j'avais un marteau », « La Ferme du bonheur », « J'y pense et puis j'oublie » et « Même si tu revenais ». La chanson « Comme d'habitude » fut traduite en anglais par le chanteur Paul Anka et enregistrée par le chanteur Frank Sinatra, en 1969, sous le titre « My Way ».

32 B) MICHEL POLNAREFF

Né à Nérac, France, en 1944. Dès son plus jeune âge, il étudie le piano et, à douze ans, il reçoit un premier prix de solfège. Il connaît son premier succès avec la chanson « La poupée qui fait non » en 1966. Autres chansons populaires de la décennie : « L'Amour avec toi », « Âme câline », « Sous quelle étoile suis-je né » et « Ta ta ta ta »

33 C) RIKA ZARAÏ

Née Rika Gussmann à Jérusalem, Palestine, en 1939. Elle arrive à Paris en 1960. « Casatchock » est une version de la chanson russe « Katiouchka », composée en 1938 par Michael Blanter.

34 B) JACQUES BREL

Dans les années 1960, il accumule les chansons à succès : « La Valse à mille temps », « Madeleine », « Amsterdam », « Les Bourgeois », « La Chanson des vieux amants » et « Les Bonbons ». Il donne son dernier concert le soir du 16 mai 1967. Il tourne dans plusieurs films, dont Les Risques du métier (1967), La Bande à Bonnot (1968), Mon oncle Benjamin (1969), Les Assassins de l'ordre (1970), L'Aventure c'est l'aventure (1972) et L'Emmerdeur (1973). Jacques Brel réalise deux films : Frantz (1971) et Le Far West (1973).

35 B) CHARLES AZNAVOUR

Il traverse les années 1960 en collectionnant les succès : « Tu t'laisses aller », « Je m'voyais déjà », « Les Comédiens », « Donne tes 16 ans », « Hier encore», « La Bohème », « Reste » et « Désormais ».

36 B) VICKY

Née Vicky Léandros à Corfou, Grèce, en 1949. En 1967, elle représente le Luxembourg à l'Eurovision à Vienne, en Autriche. « Le Temps des fleurs » est une version de la chanson « Those Were the Days » de la chanteuse Mary Hopkin.

RÉPONSES (1960-1969)

37 C) CLAUDE NOUGARO

Né à Toulouse, France (1929-2004). Fils d'un chanteur lyrique, il s'installe à Paris en 1953. Il écrit des chansons pour les interprètes Marcel Amont et Philippe Clay. C'est en 1962 qu'il enregistre ses premières chansons et connaît le succès. La chanson « Le Jazz et la Java » a également été enregistrée par le chanteur Yves Montand. Alain Wodrascka publie *Nougaro, une vie qui rime à quelque chose* (Éditions L'Archipel) en 2009.

38 B) FRANÇOISE HARDY

Née à Paris, France, en 1944. Étudiante à La Sorbonne, elle ne s'attendait pas au succès de cette chanson qui reçoit le *Grand prix* de l'Académie Charles-Cros en 1963. Le disque se vend à plus de deux millions d'exemplaires dans la francophonie. Autres chansons populaires des années 1960 : « La Maison où j'ai grandi », « Voilà », « Des ronds dans l'eau » et « Comment te dire adieu ». Pierre Mikaïloff publie, en 2009, la biographie *Françoise Hardy, tant de belles choses* (Éditions Alphée-Jean-Paul Bertrand).

39 C) ADAMO

Né Salvatore Adamo à Cosimo, Italie, en 1943. Sa famille s'installe en Belgique en 1947. Il participe à un concours sur Radio Luxembourg à Bruxelles et remporte le premier prix de la grande finale, qui a lieu à Paris. Autres chansons populaires des années 1960 : « N'est-ce pas merveilleux », « Sans toi ma mie », « Vous permettez, monsieur », « Tombe la neige », « Si jamais » et « Quand les roses ».

40 A) BOURVIL

Né André Raimbourg à Prétot-Vicquemare, France (1917-1970). Il fait son service militaire dans l'unité de musique. Il remporte un concours à la radio en 1939, puis se produit dans les cabarets parisiens. Il est enfin reconnu comme chanteur en participant à de nombreuses opérettes. Parallèlement, Bourvil devient un acteur chevronné. On le voit dans *La Traversée de Paris* (1956), *Un drôle de paroissien* (1963), *Le Corniaud* (1964) et *La Grande Vadrouille* (1966).

RÉPONSES (1960-1969)

41 C) JOE DASSIN

Né Joseph Ira Dassin à New York, États-Unis (1938-1980). Il est le fils du cinéaste Jules Dassin. Il s'établit en France et travaille dans le milieu du cinéma (il joue quelques petits rôles et assiste son père), puis il s'intéresse à la chanson. « Les Champs-Élysées » est une version de la chanson « Waterloo Road » du chanteur Smacka Fitzgibbon. Autres chansons populaires des années 1960 : « Ça m'avance à quoi », « Les Dalton », « Siffler sur la colline » et « Le Petit Pain au chocolat ».

42 B) HERVÉ VILARD

Né René Villard à Paris, France, en 1946. Il se fait connaître grâce au grand succès de la chanson « Capri, c'est fini » en 1965. Autres chansons populaires de la décennie : « Fais-la rire » et « Sayonara ».

43 C) LES PARISIENNES

Formation vocale féminine composée de Raymonde Bronstein, Anne Lefébure, Hélène Longuet et Anne-Marie Royer. C'est le compositeur, arrangeur et producteur Claude Bolling qui crée la formation et qui supervise la suite de leur carrière. Autres chansons populaires des années 1960 : « Il fait trop beau pour travailler » et « Ça vaut mieux que d'attraper la scarlatine ».

44 B) ÉDITH PIAF

Ce classique de la chanson française fut écrit par Michel Vaucaire et composé par Charles Dumont. Édith Piaf triomphe, la même année, à l'Olympia de Paris. Autres chansons populaires des années 1960 : « C'est l'amour » et « Milord ».

45 A) JEAN FERRAT

Au cours des années 1960, il nous offre également les chansons populaires suivantes : « Que serais-je sans toi », « Nous dormirons ensemble », « On ne voit pas le temps passer » et « Heureux celui qui meurt d'aimer ».

46 C) GEORGES BRASSENS

Tout au long des années 1960, il continue d'enregistrer et surtout de donner de nombreux spectacles. Il met en musique les poèmes de Victor Hugo, Paul Fort, Aragon et François Villon. Il reçoit un prix de poésie de l'Académie française en 1967. En 1981, Pierre Berruer publie une biographie *La Marguerite et le chrysanthème* (Les Éditons Presses de la Cité) et, en 1983, André Tillieu publie *Auprès de mon arbre* (Éditions Julliard).

RÉPONSES (1960-1969)

47 B) ALAIN BARRIÈRE

Né Alain Bellec à La Trinité-sur-mer, France, en 1935. En 1961, il remporte le *Coq d'or de la chanson*. En 1963, il participe à *l'Eurovision* avec la chanson « Elle était si jolie ». Il ne gagne pas, mais sa chanson devient un immense succès dans la francophonie. Autres chansons populaires de la décennie : « Ma vie », « Emporte-moi », « Tout peut recommencer » et « C'était aux premiers jours d'avril ».

48 B) ENRICO MACIAS

Né Gaston Ghrenassia à Constantine, Algérie, en 1938. Professeur, il quitte sa terre natale pour s'établir en France en 1962. Il est surnommé Le Pied noir de la chanson. Autres chansons populaires des années 1960 : « Mon cœur d'attache », « Les Millionnaires du dimanche », « Puisque l'amour commande » et « Dès que je me réveille ».

49 B) SERGE REGGIANI

Né à Reggio nell'Emilia, Italie (1922-2004). Il arrive très jeune en France et débute en 1939 comme comédien, puis poursuit une carrière au cinéma (près de 80 films). À quarante ans passés, il se lance dans la chanson en interprétant Boris Vian avec l'album SERGE REGGIANI CHANTE BORIS VIAN, qui remporte un prix de l'Académie Charles-Cros. Puis, il réunit autour de lui des auteurs-compositeurs de talent qui lui fournissent un répertoire de choix : « Madame Nostalgie », « Votre fille a 20 ans » et « L'Enfant et l'avion ». Jean-Dominique Brierre publie la biographie *Serge Reggiani c'est moi, c'est l'Italien* (éditions Hors Collection) en 2005.

50 C) CONSUELIN DE PABLO

Jeune chanteuse d'origine espagnole, âgée d'une dizaine d'années, qui sombra vite dans l'oubli après ce grand succès. En 1964, elle enregistre, à l'Olympia de Paris, quatre chansons qui font l'objet d'un maxi 45 tours (EP), sorti uniquement en France.

51 B) YVES MONTAND

Dans les années 1960, il chante à travers le monde : de l'Angleterre au Japon en passant par les États-Unis. Autre succès de la décennie : « La Bicyclette ». Il connaît également une carrière cinématographique prestigieuse. On le voit notamment dans les films *Compartiment tueurs* (1964), *Vivre pour vivre* (1967), *Z* (1968) et *L'Aveu* (1969).

RÉPONSES (1960-1969)

52 C) MARIE LAFORÊT

Née Maïtena Doumenach à Soulac, France, en 1940. Elle amorce sa carrière en 1960 comme actrice dans le film *Plein soleil* de René Clément. Elle enregistre un premier disque qui connaît un grand succès avec la chanson « Les Vendanges de l'amour », puis enregistre ces incontournables : « Mon amour, mon ami », « La Playa » et « Yvan, Boris et moi ». « Que calor la vida » est une version de la chanson « The Red Balloon » du groupe Dave Clark Five.

53 A) MARCEL AMONT

Né Jean-Pierre Miramon à Bordeaux, France, en 1929. Il suit des cours d'art dramatique, puis s'oriente vers la chanson (l'opérette et la comédie musicale). En 1950, il arrive à Paris où, pendant 6 ans, il se produit dans les cabarets. « Bleu, blanc, blond » est une version de la chanson « True True Happiness » du chanteur Johnny Tillotson. Marcel Amont nous offre deux autres chansons populaires dans les années 1960 : « Dans le cœur de ma blonde » et « Un Mexicain ». Il publie un livre sur la chanson (Les éditions du Seuil, 1989) : *Une chanson, qu'y a-t-il à l'intérieur d'une chanson ?*

54 C) ADAMO

Tout au long de la décennie, il poursuit sa quête de chansons à succès : « Une mèche de cheveux », « Une larme aux nuages », « Le Néon », « Inch' Allah », « L'amour te ressemble », « Le Ruisseau de mon enfance » et « Petit Bonheur ».

55 B) MICHÈLE TORR

Née Michelle Tort à Pertuis, France, en 1947. Elle participe à de nombreux concours de chant et enregistre son premier disque à l'âge de 16 ans. Elle se produit, en 1964, en première partie du chanteur Claude François à l'Olympia de Paris. « Dans mes bras oublie ta peine » est une version de la chanson « Let Me Make You Smile Again » de la formation Doreen & The Tammy's.

56 B) HUGUES AUFRAY

Né Jean Auffray à Neuilly-sur-Seine, France, en 1932. Il suit des études aux Beaux-Arts, puis se produit dans les cabarets parisiens. Dans les années 1960, il nous offre les chansons « Stewball », « Il faut ranger ta poupée », « Le Rossignol anglais », « Des jonquilles aux derniers lilas » et « Adieu monsieur le professeur ». Il publie sa biographie *Droit dans mes Santiags* (éditions Didier Carpentier) en 2007.

RÉPONSES (1960-1969)

57 C) RICHARD ANTHONY

Né Richard Btesh au Caire, Égypte, en 1938. Il enregistre son premier disque en 1958. « Ce monde » est une version de la chanson « You're My World » de la chanteuse Cilla Black. Autres chansons populaires de la décennie : « J'entends siffler le train », « C'est ma fête », « Donne-moi ma chance », « Tchin tchin », « À présent tu peux t'en aller » et « La Terre promise ». Il fut surnommé Le Tino Rossi du rock.

58 C) GILBERT BÉCAUD

Avec des paroliers comme Louis Amade, Pierre Delanoë et Maurice Vidalin, Gilbert Bécaud entre dans les années 1960 avec une vitalité hors du commun. Il accumule les succès, dont « Et maintenant », « T'es venu de loin », « Nathalie », « L'Orange », « Le Petit Oiseau de toutes les couleurs », « Je reviens te chercher », « Les cerisiers sont blancs » et « On prend toujours un train pour quelque part ».

59 C) DONNA HIGHTOWER

Née à Carterville, États-Unis, en 1926. Cette chanteuse a connu beaucoup de succès en Europe. « C'est toi mon idole » est une version de la chanson « My Boy Lollipop » de la chanteuse Millie Small.

60 C) SYLVIE VARTAN

Née Sylvie Vartanian à Iskretz. Bulgarie, en 1944. Sa famille émigre à Paris en 1952. Elle commence sa carrière de chanteuse en 1961. Le 12 avril 1965, elle épouse le chanteur Johnny Hallyday.

61 C) GEORGES GUÉTARY

Né Lambros Worlou à Alexandrie, Égypte (1915-1997). Il arrive en France en 1934 et étudie le chant. En 1937, il débute comme chanteur d'orchestre. Il tourne dans plusieurs films, dont *Un Américain à Paris* mettant en vedette Gene Kelly et Leslie Caron (1951).

62 B) OLIVIER DESPAX

Né Olivier Despax de Kerver à Neuilly, France (1939-1974). « Si loin d'Angleterre » est une version de la chanson « See You in September » du groupe The Happenings. Du 9 au 12 novembre 1967, au Québec, il est la vedette française du spectacle *Starovan CJMS*, avec entre autres Les Lutins, Les Chanceliers, Karo, Chantal Pary et Patrick Zabé.

RÉPONSES (1960-1969)

63 C) LES COMPAGNONS DE LA CHANSON

Groupe formé en 1944 par neuf chanteurs, dont Fred Mella, Jean Louis Jaubert et Jean Broussolle. Édith Piaf chante avec eux pendan plusieurs mois, ce qui les rend célèbres. À partir de 1950, la carrière des Compagnons est une suite de spectacles à travers le monde Autres chansons populaires des années 1960 : « Qu'il fait bon vivre » « Si tous les gars du monde » et « Le Chant de Mallory ».

64 C) MIREILLE MATHIEU

Née à Avignon, France, en 1947. Elle gagne un concours organisé à la mémoire de la chanteuse Édith Piaf à la télévision en décembre 1965 Le disque « Mon credo » se vend à plus d'un million d'exemplaires dans la francophonie. Autres succès des années 1960 : « Qu'elle es belle », « La Dernière Valse », « Ce soir ils vont s'aimer », « La Première Étoile » et « Les Bicyclettes de Belsize ».

65 C) ROBERT COGOI

Né Mirco Kogoj à Châtelet, Belgique, en 1939. Il représente la Belgique à *l'Eurovision* en 1964 à Copenhague, au Danemark Il interprète une autre chanson populaire en 1966 : « Pas une plac pour me garer ».

66 C) MICHEL COGONI

Né en 1936. Animateur à la radio Europe 1, il décède lors d'un acciden de voiture le 8 août 1969. La chanson fut également enregistrée pa le chanteur Peter Holm.

67 B) MARC ARYAN

Né Henry Markarian à Valence, France (1935-1985). Il enregistre plusieurs autres chansons, mais le succès ne sera pas au rendez-vous

68 C) NINO FERRER

Né Agostino Ferrari à Gênes, Italie (1934-1998). La famille Ferrar s'installe en France en 1947, et Nino s'intéresse très vite à la musique et à la chanson. Autres chansons populaires des années 1960 « Mirza», « Les Cornichons », « Oh ! hé ! hein ! bon » et « Je veux être noir ».

RÉPONSES (1960-1969)

69 C) CHRISTOPHE

Né Daniel Bevilacqua à Juvisy-sur-Orge, France, en 1945. Au début des années 1960, il forme le groupe Dany and the Hooligans. Il entreprend par la suite une carrière solo sous le nom de Christophe et connaît la gloire à l'été 1965 avec la chanson « Aline ». Autres chansons populaires de la décennie : « Je chante pour un ami », « J'ai entendu la mer », « Excusez-moi monsieur le professeur » et « Maman ».

70 B) SACHA DISTEL

Tout au long de la décennie, il nous offre un éventail de chansons populaires tant comme chanteur fantaisiste, que comme chanteur de charme : « C'était plus fort que tout », « La Petite Puce », « L'Incendie à Rio », « Monsieur Cannibale », « Ces mots stupides » et « La Bonne Humeur ».

71 C) ÉDITH PIAF

Un an après son mariage avec Théo Sarapo (né Théophánis Lamboukas), elle décède le 11 octobre 1963. Sa vie fut l'objet de nombreux livres, dont celui de sa demi-sœur, Simone Berteaut, intitulé *Piaf*, publié en 1969 (Éditions Robert Laffont). Édith Piaf fut le sujet de plusieurs films : *Piaf* (1973), *Édith et Marcel* (1983) et *La Vie en rose* (2007).

72 C) FRIDA BOCCARA

Née à Casablanca, Maroc (1940-1996). Elle arrive en France à la fin de son adolescence et débute en faisant la première partie de Jacques Brel. Elle gagne le grand prix du Festival de Sofia (Bulgarie) en 1967, puis remporte, en 1969, le grand prix *Eurovision*. Elle a chanté en 13 langues différentes, dont le russe, le japonais et le polonais.

73 A) FRANÇOIS DEGUELT

Né Louis Deghelt à Tarbes, France, en 1932. Fils d'un chanteur d'opéra, il arrive à Paris au début des années 1950 et remporte *Le Grand Prix* de l'Académie Charles-Cros en 1956. Il entame également une carrière d'animateur à la radio et à la télévision dans les années 1960.

RÉPONSES (1960-1969)

74 C) BARBARA

Née Monique Andrée Serf à Paris, France (1930-1997). Elle débute en 1950 à Bruxelles (Belgique), puis revient à Paris où elle se produit au cabaret L'Écluse. Elle est surnommée La Dame de minuit. Autres chansons populaires de la décennie : « Nantes », « Göttingen » et « Si la photo est bonne ». Alain Wodrascka publie, en 2007, la biographie *Barbara : Parfums de femme en noir* (Éditions Didier Carpentier).

75 C) VICKY

Cette chanson est une adaptation de la pièce instrumentale « Love Is Blue », composée par André Popp et popularisée à l'échelle mondiale par Paul Mauriat. Tout au long de sa carrière, elle enregistre en plusieurs langues : français, anglais, allemand et grec. Autres chansons populaires des années 1960 : « C'est la première », « Quelque chose en moi tient mon cœur » et « Un jour mon rêve ».

76 C) GILLES DREU

Né Jean Chapuisat à Dreux, France, en 1938. Ancien professeur de gymnastique, il connaît le succès en 1968 et 1969 avec les chansons populaires « On revient toujours », « Pourquoi Bon Dieu » et « Si le cœur vous en dit ».

77 C) MICHEL FUGAIN

Né à Grenoble, France, en 1942. Il arrive à Paris en 1964 pour faire du cinéma. Parallèlement, il compose des chansons pour lui-même et pour d'autres interprètes (Petula Clark, Marie Laforêt, Hervé Vilard). « Je n'aurai pas le temps » le fait connaître à travers toute la francophonie. Cette chanson fut traduite en anglais sous le titre « If I Only Had Time » et interprétée par le chanteur John Rowles.

78 B) RONNIE BIRD

Né Ronald Méhu à Boulogne-sur-Seine, France, en 1946. La chanson « Où va-t-elle » est une version de la chanson « Come on back » du groupe The Hollies. En 1969, il fait partie de la comédie musicale *Hair*, version française. Autres chansons populaires de la décennie : « Pour toi » et « Elle m'attend ».

79 C) ÉRIC CHARDEN

Né à Haiphong, Vietnam, en 1942. Autres chansons populaires des années 1960 : « Tout est rose », « Bienvenue » et « Montréal ».

RÉPONSES (1960-1969)

80 A) JOHNNY HALLYDAY

Version de la chanson « Girl » du groupe The Beatles. Il est l'un des rares artistes francophones à se produire à l'émission de télévision américaine *The Ed Sullivan Show*, enregistrée au cabaret Le Moulin Rouge à Paris et diffusée le 1er juillet 1962. Autres chansons populaires de la décennie : « Pour moi la vie va commencer », « Pas cette chanson », « Quand revient la nuit » et « Jusqu'à minuit ».

81 B) JACQUELINE BOYER

Née Éliane Ducos à Paris, France, en 1941. Elle est la fille de la chanteuse Lucienne Boyer (« Parlez-moi d'amour ») et du chanteur Jacques Pills. Elle remporte, en 1960, le grand prix *Eurovision* avec la chanson « Tom Pillibi ».

82 C) SHEILA

Née Annie Chancel à Créteil, France, en 1946. En 1963, sa première chanson, « L'école est finie », remporte un grand succès. En 1967, elle tourne dans le film *Bang Bang* de Serge Piolet. « Le Folklore américain » est une version de la chanson « They Gotta Quit Kickin' my Dog Around » du groupe The New Christy Minstrels.

83 B) SŒUR SOURIRE

Née Jeanine Deckers à Fichermont, Belgique (1933-1985). Cette religieuse devient une vedette mondiale et sa chanson se classe numéro un sur le Billboard Hot 100 (palmarès américain) sous le nom de « The Singing Nun ».

84 C) MICHEL ORSO

Né Orso Bertolucci à Prunelli-di-Casacconi, Corse, en 1938. Le disque se vend à plus de 300 000 exemplaires à travers la francophonie.

85 C) PETULA CLARK

Née à Epsom, Angleterre, en 1932. À la fin des années 1950, elle s'établit en France. « C'est ma chanson » est une version de la chanson « This Is my Song », composée (paroles et musique) par le célèbre acteur-réalisateur Charlie Chaplin. Autres succès des années 1960 : « Chariot », « Je me sens bien », « Hello Dolly », « Dans le temps », « Personne ne veut mourir » et « Un jeune homme bien ». Petula Clark joue dans les films *La Vallée du bonheur* (1968) et *Au revoir, Mr Chips* (1969).

86 C) JANE BIRKIN

Née à Londres, Angleterre, en 1946. Elle fait ses débuts au ciném
en 1965. Elle rencontre le chanteur Serge Gainsbourg sur le plateau d
tournage du film *Slogan* en 1968. C'est en Angleterre que le coupl
Birkin-Gainsbourg enregistre la chanson, qui devient numéro un su
les palmarès britanniques. Le disque se vend à plus de 1 500 00
exemplaires dans la francophonie. La chanson figure également su
le Billboard Hot 100 (palmarès américain). Une première version fu
enregistrée en 1967 par Brigitte Bardot et Serge Gainsbourg.

87 B) PASCAL DANEL

Né Jean-Jacques Pascal à Annelles, France, en 1944. En 196
il nous a offert une autre chanson populaire : « La Plage au
romantiques ».

88 B) JACQUES DUTRONC

Né à Paris, France, en 1943. En 1962, il fait partie du groupe El Toro e
Les Cyclones. Après son service militaire, il devient guitarist
du chanteur Eddy Mitchell, puis assistant d'un directeur artistique d
la compagnie de disques Vogue. Il enregistre son premier disque « E
moi et moi et moi » en 1966. Suivent plusieurs autres chanson
populaires dans les années 1960 : « Les Playboys », « Les Cactus »
« Mini mini mini » et « Il est cinq heures Paris s'éveille ».

89 C) NANA MOUSKOURI

Née Ioánna Moúschouri à La Canée, Crète, en 1934. Elle étudi
la musique au Conservatoire d'Athènes, en Grèce. En 1959, ell
remporte le grand prix du Festival de la chanson grecque. L'anné
suivante, elle s'installe en France. Autres chansons populaires de l
décennie : « L'Enfant au tambour », « Guantanamera », « C'est bon l
vie », « Roses blanches de Corfou », « Remets mon cœur
l'endroit » et « Tous les arbres sont en fleurs ».

90 B) JACQUELINE DULAC

Née à Vichy, France, en 1939. À 21 ans, elle s'installe à Paris e
se produit dans divers cabarets. En 1966, elle remporte le concour
du Festival d'Antibes (France).

RÉPONSES (1960-1969)

91

A) FRANCE GALL

Née Isabelle Geneviève Marie Anne Gall à Paris, France, en 1947. Elle est la fille du parolier Robert Gall (« La Mamma » pour Charles Aznavour, « À demain my darling » pour Marie Laforêt et plusieurs chansons pour sa fille, dont « Sacré Charlemagne »). En 1965, France Gall remporte le prix *Eurovision* avec la chanson « Poupée de cire, poupée de son » (paroles et musique par Serge Gainsbourg). Le disque se vend à plus d'un million d'exemplaires à travers la francophonie. Autres chansons populaires des années 1960 : « Ne sois pas si bête », « Nous ne sommes pas des anges », « Bébé requin », « Homme tout petit » et « L'Orage ».

92

C) DICK RIVERS

Version de la chanson « It's Only Make Believe » du chanteur Conway Twitty (1958). En janvier 1965, Dick Rivers se produit au Colisée de Québec avec Les Baronets, Les Hou-Lops (Têtes Blanches) et Tony Roman. Autres succès des années 1960 : « Je croyais », « Ne pleure pas », « Viens tout connaître » et « Reviens-moi ». En 1996, il publie son autobiographie *Very Dick* (Éditions Michel Lafon).

93

B) BRIGITTE BARDOT

Née à Paris, France, en 1934. Elle débute au cinéma en 1952. C'est le film *Et Dieu créa la femme* de Roger Vadim, en 1956, qui la rend célèbre. Elle enregistre un premier 45 tours en 1962 et un album l'année suivante. La chanson «Harley Davidson » fut composée (paroles et musique) par Serge Gainsbourg. Brigitte Bardot forme un duo avec Serge Gainsbourg sur les chansons « Comic Strip » et « Bonnie and Clyde ».

94

B) CHARLES AZNAVOUR

La chanson « Et pourtant » a été traduite en anglais sous le titre « Yet... I Know » et interprétée par le chanteur Steve Lawrence. En plus de connaître du succès avec ses chansons, Aznavour devient un acteur reconnu : *Tirez sur le pianiste* (1960), *Un taxi pour Tobrouk* (1960), *Le Rat d'Amérique* (1962), *Cherchez l'idole* (1964), *Paris au mois d'août* (1965) et *Le Facteur s'en va-t-en guerre* (1966).

95

B) ANTOINE

Né Pierre-Antoine Muraccioli à Tamatave, Madagascar, en 1944. Avec ses cheveux longs et son habillement spécial, il devient le représentant d'une nouvelle culture en France. Avec la chanson « Les Élucubrations », son succès est foudroyant. Le disque se vend à plus d'un million d'exemplaires dans la francophonie.

RÉPONSES (1960-1969)

96 B) FRANCK FERNANDEL

Né Franck Gérard Contandin à Marseille, France (1935-2011). Il es
le fils du célèbre chanteur et acteur Fernandel (1903-1971). Il nous offre
la même année, une autre chanson populaire « Une marionnette ».

97 A) PATRICIA CARLI

Née Rosetta Ardito à Tarente, Italie, en 1943. Version de la chanson
« Non ho l'età » de la chanteuse Gigliola Cinquetti. Patricia Carli, après
avoir enregistré quelques chansons populaires, s'éloigne de sa carrière
d'interprète et écrit pour les chanteurs Claude François et David
Alexandre Winter, et les chanteuses Nicoletta et Dalida.

98 B) LES CHATS SAUVAGES

Groupe formé de Dick Rivers, Gérard Jacquemus, William Taïel
et des frères Jean-Claude et Gérard Roboly. Dick Rivers quitte l
formation en 1962 après avoir enregistré la chanson « Oh Lady », qu
deviendra un succès deux ans plus tard.

99 B) ISABELLE AUBRET

Née Thérèse Coquerelle à Lille, France, en 1938. Elle commence
à chanter dans les galas populaires, puis dans les cabarets parisiens
Elle remporte, en 1962, le grand prix *Eurovision*. L'année suivante, u
grave accident d'automobile interrompt sa carrière. Elle revient à l
chanson en 1968.

100 B) JACQUES BREL

La chanson fait partie de la comédie musicale *L'Homme de la Mancha*
dans laquelle Jacques Brel interprète le rôle de Don Quichotte. « L
Quête » est une version de la chanson « The Impossible Dream (Th
Quest) » extraite de la comédie musicale *Man of La Mancha* du chanter
Richard Kiley. En 1984, Olivier Todd publie *Jacques Brel une vi*
(Éditions Robert Laffont). Marc Robine, en 1998, publie *Gran*
Jacques : Le Roman de Jacques Brel (Éditions Anne Carrière/Chorus

RÉPONSES (1970-1979)

101

B) MIKE BRANT

Né Moshé Brand à Nicosie, Chypre (1947-1975). Ses parents s'établissent en Israël alors qu'il est très jeune. Adolescent, il forme un trio qui chante dans les bars et les hôtels d'Haïfa et de Tel-Aviv. Suite aux conseils de la chanteuse Sylvie Vartan, il s'établit à Paris en 1969. Sa chanson « Laisse-moi t'aimer » le propulse au rang de vedette. Le disque se vend à plus de 1 200 000 exemplaires dans la francophonie. Autres chansons populaires des années 1970 : « Qui saura », « Rien qu'une larme » et « Tout donné, tout repris ».

102

C) SERGE LAMA

Né Serge Chauvier à Bordeaux, France, en 1943. Fils d'un chanteur lyrique, il se produit dans les cabarets parisiens, mais en 1965, un grave accident de la route l'immobilise pendant deux ans. Il remporte le concours du Festival d'Antibes (France) en 1969 avec la chanson « Une île ». Autres chansons populaires de la décennie : « Superman », « Je suis malade », « Je t'aime à la folie », « Tarzan est heureux » et « Femmes, femmes, femmes ».

103

B) PATRICK JUVET

Né à Montreux, Suisse, en 1950. Après des études en arts décoratifs et au Conservatoire de musique de Lausanne, il arrive à Paris en 1970. Deux ans plus tard, il enregistre son premier succès « La Musica ». Il publie son autobiographie *Les Blues du cœur* en 2005 (Éditions Flammarion).

104

B) MIREILLE MATHIEU

Les années 1970 seront pour elle une suite de succès : « Donne ton cœur, donne ta vie », « Acropolis adieu », « Emmène-moi avec toi », « Tous les enfants chantent avec moi » et « Santa Maria de la mer ». Mireille Mathieu a publié sa biographie intitulée *Oui je crois* en collaboration avec Jacqueline Cartier en 1987 (Éditions Robert Laffont).

105

A) NICOLE CROISILLE

Née à Neuilly-sur-Seine, France, en 1936. Sa voix devient célèbre lorsqu'elle chante en duo avec Pierre Barouh sur la chanson-thème du film *Un homme et une femme* de Claude Lelouch en 1966. Autres chansons populaires des années 1970 : « Parlez-moi de lui », « Emma », « Téléphone-moi » et « Je ne suis que de l'amour ». Nicole Croisille et Thierry Lecamp publient *Je n'ai pas vu passer le temps* en 2008 (Éditions Le Cherche Midi).

RÉPONSES (1970-1979)

106
B) SHEILA

« Les Rois mages » est une version de la chanson « Tweedle Dee Tweedle Dum » du groupe Middle of the Road.

107
B) MICHEL SARDOU

Né à Paris, France, en 1947. Il est le fils du chanteur et comédien Fernand Sardou (1910-1976). Le disque « La maladie d'amour » se vend à plus d'un million d'exemplaires dans la francophonie. Michel Sardou remporte *Le Grand Prix* de l'Académie Charles-Cros en 1971 avec la chanson « J'habite en France ».

108
C) VICKY

Le 25 mars 1972, elle remporte avec cette chanson le grand prix *Eurovision*, défendant les couleurs du Luxembourg

109
C) LAURENT VOULZY

Né à Paris, France, en 1948. « Rockollection » contient plusieurs extraits de chansons rock (anglophones) des années 1960 et se veut un hommage à cette décennie. Le disque se vend à plus de quatre millions d'exemplaires dans la francophonie.

110
A) SHAKE

Né Abdullah Bin Ahmad en Malaisie en 1950. Premier asiatique à obtenir du succès en chantant en français. La France lui décerne la *Médaille de Chevalier des Arts* pour la promotion du français en Asie. Autre chanson populaire de la décennie : « Rien n'est plus beau que l'amour ».

111
B) JEAN FERRAT

C'est en 1973 qu'il quitte définitivement la scène et vit retiré dans le village d'Antraigues. Jean Ferrat mène une carrière en marge du show-business ce qui ne l'empêche pas de nous offrir quelques albums de façon sporadique. Jean-Dominique Brierre publie une biographie intitulée *Jean Ferrat, une vie* en 2003 (Éditions de l'Archipel).

112
B) JOE DASSIN

Tout au long des années 1970, il additionne les chansons à succès « L'Amérique », « Si tu t'appelles mélancolie », « L'Été indien », « Ça va pas changer le monde » et « Le Jardin du Luxembourg ».

RÉPONSES (1970-1979)

113

B) LÉO FERRÉ

Né à Monaco (1916-1993). Après de nombreux allers-retours entre Paris (cours de droit) et Monaco (Radio Monte-Carlo), il écrit des chansons qu'il pourra enfin faire connaître en 1946 dans les cabarets parisiens. C'est au début des années 1960 que l'on reconnaît son talent d'auteur-compositeur-interprète.

114

A) GÉRARD LENORMAN

Né Gérard Lenormand à Bénouville, France, en 1945. À 14 ans, il chante avec des orchestres de sa région. Il s'installe à Paris en 1967 et enregistre son premier disque l'année suivante. Il remplace le chanteur Julien Clerc dans la comédie musicale *Hair* (version française) en 1969 et remporte le concours du Festival d'Antibes (France) en 1971. Autres chansons populaires des années 1970 : « Les Jours heureux », « Gentil Dauphin triste », « Michèle » et « Voici les clés ». Il est surnommé Le Petit Prince de la chanson.

115

A) DANIEL GUICHARD

Né à Paris, France, en 1946. À 17 ans, il chante le répertoire d'Édith Piaf et d'Aristide Bruant devant les terrasses des cafés et dans de nombreux cabarets. Autres chansons populaires des années 1970 : « Faut pas pleurer pour ça », « Mon vieux » et « Je t'aime, tu vois… ».

116

C) DALIDA

Tout au long des années 1970, elle donne de nombreux spectacles à travers le monde entier. En 1976, elle reprend la chanson « J'attendrai », de la chanteuse Rina Ketty (1938), et la remet à la mode disco.

117

B) CHARLES DUMONT

Né à Cahors, France, en 1929. Il se fait connaître, au début des années 1960, lorsqu'il chante en duo avec la chanteuse Édith Piaf sur la chanson « Les Amants ». Autre chanson populaire des années 1970 : « Ta cigarette après l'amour ».

118

B) JEAN-FRANÇOIS MICHAEL

Né Yves Roze en 1947. Il fut directeur artistique pour la compagnie de disques Barclay avant d'entreprendre sa carrière de chanteur. Le disque « Adieu jolie candy » se vend à plus d'un million d'exemplaires dans la francophonie.

RÉPONSES (1970-1979)

119

B) VÉRONIQUE SANSON

Née à Boulogne-Billancourt, France, en 1949. En 1967, avec s[a] sœur Violaine et François Bernheim, elle enregistre en trio sou[s] le nom Les Roche-Martin. Les chansons « Amoureuse » et « Besoi[n] de personne » font partie de son album AMOUREUSE.

120

B) STONE ET CHARDEN

Éric Charden épouse, en 1966, la chanteuse Stone (née Annie Gautra[t] à Paris, France, en 1947). Le duo connaît beaucoup de succès a[u] début des années 1970, avec notamment les chansons « Le Seu[l] bébé qui ne pleure pas » et « Laisse aller la musique ».

121

B) GÉRARD PALAPRAT

Né à Paris, France, en 1950. Il fait partie de la comédie musical[e] *Hair* (version française) en 1969. La chanson « Fais-moi un signe lui vaudra, en 1971, un des grands prix du Festival d'Antibe[s] (France).

122

C) ROGER WHITTAKER

Né à Nairobi, Kenya, en 1936. La chanson, que la chanteus[e] Nicoletta a également enregistrée, est une version de « Mam[a] Blue », du groupe Los Pop Tops.

123

C) PLASTIC BERTRAND

Né Roger Jouret à Bruxelles, Belgique, en 1954. C'est avec stu[...] péfaction qu'on a appris que c'est son producteur, Lou Deprijc[k] qui chante sur cette chanson. « Ça plane pour moi » figure égaleme[nt] sur le Billboard Hot 100 (palmarès américain).

124

C) ADAMO

Au cours des années 1970, il nous offre d'autres chanson[s] populaires : « Les Belles Dames », « J'avais oublié que les rose[s] sont roses », « Crazy Lue » et « Prête-moi une chanson ».

125

A) RICHARD COCCIANTE

Né à Saïgon, Vietnam, en 1946. Sa famille s'installe à Rom[e] (Italie) alors qu'il est âgé de 11 ans. Il débute en 1972 avec un premi[er] disque. Il nous offre une autre chanson populaire dans la décenni[e] « Marguerite ».

RÉPONSES (1970-1979)

126 A) SACHA DISTEL

Version de la chanson « Raindrops Keep Fallin' on my Head » du chanteur B.J. Thomas. Au début des années 1970, il anime des émissions de variétés pour la télévision française et britannique. Autres chansons populaires des années 1970 : « C'est impossible », « Chanson bleue » et « Accroche un ruban ». Sacha Distel publie en 2004 son autobiographie *Profession musicien* (Éditions de la Martinière).

127 B) EL BIMBO

El Bimbo est une production instrumentale de Claude Morgan, un as de la musique publicitaire française, et Laurent Rossi, fils du chanteur Tino Rossi. Le disque figure également sur le Billboard Hot 100 (palmarès américain), et se vend à plus d'un million d'exemplaires. Cette pièce est une adaptation de la chanson « Tanha Shodam Tanha » du chanteur Ahmad Zahir.

128 A) C. JÉRÔME

Né Claude Dhotel à Paris, France (1946-2000). À 17 ans, il devient chanteur de bal. En 1968, il enregistre ses premières chansons. Le succès lui vient avec la chanson « Kiss Me ».

129 B) MICHEL FUGAIN

Au début des années 1970, il monte une troupe de jeunes qui savent à la fois chanter, danser et jouer la comédie. Le Big Bazar est né. Autres chansons populaires de la décennie : « Comme un soleil », « Une belle histoire », « Chante », « Bravo monsieur le monde » et « Jusqu'à demain peut-être ». En 2007, il publie son autobiographie : *Des rires et une larme* (Éditions Lafon).

130 C) ALAIN DELON

Né à Sceaux, France, en 1935. Il débute avec une brillante carrière au cinéma en 1957. Avec la chanson « Paroles, paroles », la chanteuse Dalida obtiendra un très grand succès à travers la francophonie.

RÉPONSES (1970-1979)

131 B) JULIEN CLERC

Né Paul-Alain Auguste Leclerc à Paris, France, en 1947. En 1968 sa chanson « La Cavalerie » le fait connaître et lui offre la possibilit de faire la première partie du chanteur Gilbert Bécaud, en tourné et à l'Olympia de Paris. Il accepte de tenir le rôle de Claude dan l'adaptation française de Jacques Lanzmann de la comédie musical américaine *Hair*, qui débute en mai 1969 au Théâtre de la Port Saint-Martin. Son premier album éponyme, paru en 1968, reço un prix de l'Académie Charles-Cros. Autres chansons populaire des années 1970 : « Ce n'est rien », « Si on chantait », « Ça fa pleurer le Bon Dieu », « This Melody » et « Jaloux de tout ».

132 A) PIERRE BACHELET

Né en France (1944-2005). Il s'installe à Paris et entre à l'écol de cinéma. Le réalisateur Just Jaeckin lui demande de compose la musique et d'interpréter la chanson-titre du film *Emmanuelle* Pierre Bachelet compose également la musique des films : *Histoir d'O* (1975), *Noirs et blancs en couleurs* (1977) et *Les Bronzé* (1979).

133 B) CHARLES AZNAVOUR

Ses chansons à succès se poursuivent dans les années 197 avec : « Non je n'ai rien oublié », « Mourir d'aimer », « Comme i disent », « Idiote je t'aime » et « Mes emmerdes ». Annie et Bernar Réval ont publié la biographie *Aznavour : Le Roi de cœur* (Éditior France-Empire) en 2000.

134 C) JEAN-MICHEL JARRE

Né à Lyon, France, en 1948. Il est le fils du compositeur et che d'orchestre Maurice Jarre (1924-2009), connu pour ses musique de film. L'album OXYGÈNE figure sur les palmarès américains se vend à plus de deux millions d'exemplaires à travers le mond En 1978, il nous offre son deuxième album : ÉQUINOXE.

135 A) MICHEL DELPECH

Né à Courbevoie, France, en 1946. En 1964, il fait partie de comédie musicale *Copains clopant*. Autres chansons populaire de la décennie : « Wight Is Wight » et « La Vie, la vie ».

136 B) SÉVERINE

Née Josianne Grizeau à Paris, France, en 1948. Elle débute à la f des années 1960 comme chanteuse au sein du groupe Les Murator Elle remporte le grand prix *Eurovision*, en 1971, en représentant principauté de Monaco avec cette chanson.

RÉPONSES (1970-1979)

137 B) MICHEL POLNAREFF

Après le succès de ces deux chansons, il quitte la France pour les États-Unis. En 1976, il compose la musique du film *Viol et châtiment* (Lipstick) du réalisateur Lamont Johnson, mettant en vedette les sœurs Margaux et Mariel Hemingway.

138 A) MICHÈLE TORR

Le disque se vend à plus de trois millions d'exemplaires dans la francophonie. Elle est élue Chevalier de l'Ordre des Arts et des Lettres en 1997.

139 B) SYLVIE VARTAN

En 1972, elle joue dans le film *Malpertuis* de Harry Kümel avec les acteurs Orson Welles et Jean-Pierre Cassel. En 2004, elle publie son autobiographie *Entre l'ombre et la lumière* (XO Éditions).

140 B) VÉRONIQUE SANSON

Ces deux chansons figurent sur son deuxième album; DE L'AUTRE CÔTÉ DE MON RÊVE (1972). L'année suivante, elle épouse le guitariste-chanteur Stephen Stills. Autres chansons populaires de la décennie : « Mariavah » et « Chanson sur une drôle de vie ». En 2001, Jean-François Brieu publie une biographie intitulée *Véronique Sanson : Doux dehors, fou dedans* (Éditions JC Lattès).

141 B) MORTIMER SHUMAN

Né à Brighton Beach, États-Unis (1936-1991). Après une brillante carrière de compositeur, notamment pour les chanteurs Andy Williams et Elvis Presley, il produit la comédie musicale *Jacques Brel Is Alive, and Well and Living in Paris*, qui connaît un grand succès sur Broadway en 1968. Il s'installe en France en 1972. Les chansons « Le Lac Majeur » et « Shami-Sha » figurent sur son premier album; AMERIKA. Autre chanson populaire des années 1970 : « Papa Tango Charly ».

142 A) JACQUES DUTRONC

Chanson-thème de la série télévisée française *Arsène Lupin*. Durant les années 1970, Jacques Dutronc délaisse un temps la chanson pour le cinéma. On le voit notamment dans *L'important c'est d'aimer* (1974), *Le Bon et les méchants* (1975), *Mado* (1975), *Violette et François* (1976), *L'État sauvage* (1977) et *À nous deux* (1979). Michel Leydier publie en 2004 *Dutronc : La Bio* (Éditions du Seuil).

RÉPONSES (1970-1979)

143 C) PETULA CLARK

Vedette internationale, Petula Clark (enregistrant en plusieur langues) vend, durant sa carrière, plus de 30 millions de disque dans le monde entier.

144 C) NINO FERRER

Après une semi-retraite, il revient à la chanson dans un styl différent des années 1960. Le disque « Le Sud » se vend à plu d'un million d'exemplaires dans la francophonie. Autre chanso populaire de la décennie : « La Maison près de la fontaine ».

145 C) DANYEL GÉRARD

Né Daniel Kherlakian à Paris, France, en 1939. Il devient l'u des précurseurs du rock français en enregistrant en 1958 « D'o reviens-tu Billy Boy ? ». Durant les années 1960, il compose de musiques pour plusieurs interprètes, dont Marie Laforêt et Herv Vilard.

146 B) CRAZY HORSE

Groupe belge formé d'Alain Delorme, Johnny Callens, Dominiqu Barbe et Freddy De Jonghe. Autres chansons populaires d groupe : « Et surtout ne m'oublie pas », « Une fleur, rien qu'ur rose » et «Un jour sans toi ».

147 A) CLAUDE FRANÇOIS

Durant les années 1970, il poursuit avec des chansons populaires « Une petite larme m'a trahi », « C'est de l'eau, c'est du vent « Il fait beau, il faut bon » et « Alexandrie Alexandra » jusqu'à sc décès le 11 mars 1978. Alain-Guy Aknin publie en 2008 la biograph *Claude François, un chanteur populaire* (Éditions Alphée-Jean-Pa Bertrand).

148 C) JEAN GABIN

Né Jean-Alexis Moncorgé à Paris, France (1904-1976). Après av entrepris une carrière de chanteur dans les années 1920, il débu au cinéma en 1930. André Brunelin publie, en 1987, une biograph intitulée *Gabin* (Éditions Robert Laffont).

RÉPONSES (1970-1979)

149 C) FRANCIS LAI

Né à Nice, France, en 1932. Le succès lui arrive lorsqu'il compose la musique du film *Un homme et une femme*, du réalisateur Claude Lelouch, en 1966. Une deuxième consécration survient en 1970 avec le film *Love Story* : *Golden Globe* et *Oscar* pour la meilleure musique d'un film. Cette pièce instrumentale figure sur le Billboard Hot 100 (palmarès américain). Francis Lai a écrit plus d'une centaine de musiques pour des films tels que *Vivre pour vivre* (1967), *Mayerling* (1968), *Bilitis* (1977), *Édith et Marcel* (1983), *Les Ripoux* (1984), *La Belle Histoire* (1991) et *Les Misérables* (1994).

150 C) MAXIMILIEN

Né Maximilien Hadefi. La chanson fait partie de son album éponyme (1976). Il a participé, en 1982, au film *Invitation au voyage* du réalisateur Peter Del Monte.

151 B) GILBERT BÉCAUD

Il se fait accompagner sur cette chanson par le violoneux québécois Monsieur Pointu (Paul Cormier [1922-2006]). Pour Bécaud, les années 1970 c'est le prolongement de la décennie précédente avec les chansons à succès : « Le Bain de minuit », « La Solitude ça n'existe pas », « La Maison sous les arbres », « Chante », « Un peu d'amour et d'amitié » et « L'Amour c'est l'affaire des gens ». En 2001, Annie et Bernard Réval publient une biographie : *Gilbert Bécaud, jardins secrets* (Éditions France-Empire).

152 A) ALAIN BARRIÈRE

Durant les années 1970, il poursuit sa conquête des palmarès avec les chansons populaires « À regarder la mer », « Et si c'était l'amour », « Elle », « Le Bel Amour », et la pièce instrumentale « Celtina ». Il publie son autobiographie intitulée *Ma vie* (Éditions du Rocher) en 2006.

153 C) PLASTIC BERTRAND

Il commence sa carrière de musicien en tant que batteur au sein du groupe Hubble Bubble, qui sort en 1974 un album éponyme. La chanson « Tout petit la planète » figure sur son deuxième album; J'TE FAIS UN PLAN (1978).

154 C) MICHEL SARDOU

Il nous offre un éventail de chansons populaires durant cett
décennie : « Les Bals populaires », « Les Vieux Mariés », « L
Vieille », « Le Temps des colonies », « Une fille aux yeux clairs
et « Et mourir de plaisir ».

155 C) TÉLÉPHONE

Groupe formé en 1976 par Jean-Louis Aubert, Louis Bertignac, Corin
Marienneau et Richard Kolinka. Cette chanson est également l
titre de leur deuxième album.

156 A) CLAUDE-MICHEL SCHÖNBERG

Né à Vannes, France, en 1944. Le disque se vend à plus d'un millio
d'exemplaires dans la francophonie. Autre chanson populaire de
années 1970 : « Entre elle et moi ».

157 C) JOE DASSIN

Version de la chanson « City of New Orleans » du chanteur Arl
Guthrie. Joe Dassin a également enregistré plusieurs de ses chanson
en anglais, en allemand, en espagnol et en japonais. Alain-Gu
Aknin et Philippe Crocq publient, en 2005, *Joe Dassin, le triomph
et le tourment* (Éditions du Rocher).

158 C) PIERRE PERRET

Né à Castelsarrasin, France, en 1934. Il entre au Conservatoire d
Toulouse où il cumule les cours de musique et d'art dramatique
En 1957, il est à Paris et se produit dans divers cabarets. Pierr
Perret connaît son premier succès en 1966 avec la chanson « Le
Jolies Colonies de vacances ». Il publie également des livres su
divers sujets : la cuisine, l'argot, une anthologie de la poési
érotique et son autobiographie.

159 B) STONE ET CHARDEN

Le disque se vend à plus de 1 200 000 exemplaires dans la franco
phonie.

160 C) ROGER WHITTAKER

Tout au long de sa carrière, il chante aussi en anglais et en alleman
Autres chansons populaires de la décennie : « Un éléphant sur mc
balcon », « La Ballade de l'amour » et « Une rose pour Isabelle ».

RÉPONSES (1970-1979)

161 B) DEMIS ROUSSOS

Né Artémios Ventoúris Roússos à Alexandrie, Égypte, en 1946. En 1966, il fonde le groupe Aphrodite's Child avec Vangelis Papathanassíou et Loukas Sideras. Après la dissolution de la formation, il entreprend sa carrière solo en anglais et en français.

162 B) NICOLAS PEYRAC

Né Jean-Jacques Tazartez à Saint-Brice-en-Coglès, France, en 1949. Autres chansons populaires de la décennie : « Et mon père » et « Le Vin me saoûle ». Il réside à Montréal de 1993 à 2008. En 1994, il publie le roman *Qu'importe le boulevard où tu m'attends* (Éditions Stanké).

163 B) BRIGITTE BARDOT

De 1962 à 1972, elle enregistre plusieurs chansons qui sont conçues selon son image de vedette de cinéma. Sa filmographie compte 45 longs métrages. Catherine Rihoit publie une biographie en 1986 intitulée *Brigitte Bardot : Un mythe français* (Éditions Olivier Orban).

164 B) FRÉDÉRIC FRANÇOIS

Né Francisco Barracatto en Sicile, Italie, en 1950. Il fut élève au Conservatoire de musique de Liège, en Belgique. Il entame sa carrière à la fin des années 1960. Autres chansons populaires des années 1970 : « Je voudrais dormir avec toi », « Je n'ai jamais aimé comme je t'aime » et « Viens te perdre dans mes bras ».

165 C) DALIDA

Autres chansons populaires de la décennie : « Darla dirladada » et « Et de l'amour, de l'amour, de l'amour ». Catherine Rihoit publie *Dalida*, en 1995 (Éditions Plon).

166 B) MICHEL SARDOU

Cette chanson figure sur son sixième album, JE VOLE, qui se vend à plus d'un million d'exemplaires dans la francophonie.

167 A) FRANCE GALL

En 1976, elle épouse l'auteur-compositeur-interprète Michel Berger (1947-1992). Autres chansons populaires de la décennie : « Samba mambo » et « Viens je t'emmène ».

RÉPONSES (1970-1979)

168 B) LOUIS CHEDID

Né à Ismaïlia, Égypte, en 1948. Il arrive en France à l'âge de 6 ans
En 1973, après des études dans une école de cinéma à Bruxelles
(Belgique), il se tourne vers la chanson.

169 C) LÉO FERRÉ

Au début des années 1970, il s'engage sur une autre voie de
la chanson, plus politique et plus prosaïque. Il quitte la France e
s'établit en Toscane (Italie).

170 A) MICHEL DELPECH

Le disque se vend à plus de deux millions d'exemplaires dan
la francophonie.

171 C) MARIE-PAULE BELLE

Née à Pont-Sainte-Maxence, France, en 1946. Elle étudie le piano
puis débute à Paris en 1970 dans les cabarets. Elle remport
Le Grand Prix de l'Académie Charles-Croc en 1973.

172 C) NOËLLE CORDIER

Née à Paris, France, en 1944. En 1967, elle participe au concour
l'Eurovision en représentant la France. Le disque se vend à plu
de 1 200 000 exemplaires dans la francophonie.

173 B) ALAIN DELORME

Ancien chanteur de la formation belge Crazy Horse, il entrepren
sa carrière solo en 1975.

174 B) ALAIN MORISOD ET SWEET PEOPLE

Alain Morisod est né à Genève, Suisse, en 1949. Il fonde la formatio
Sweet People en 1977 pour participer à *l'Eurovision*.

175 B) JOHNNY HALLYDAY

La controverse vient du fait que la chanson affirme que Jésus
Christ est un hippie. Durant la décennie, on le voit dans les film
suivants : *Point de chute* (1970), *J'ai tout donné* (1972), *L'Aventur
c'est l'aventure* (1972) et *L'Animal* (1977). Autres chansons populaire
des années 1970 : « Ceux que l'amour a blessés » et « Oh ! Ma jol
Sarah ».

RÉPONSES (1980-1989)

176 B) JULIEN CLERC

Dans les années 1980, il poursuit son ascension avec de nombreuses chansons dans des styles les plus variés : « Femmes... je vous aime », « Mélissa », « L'Enfant au walkman » et « Hélène ». Marc Robine publie en 1988 *Le Roman de Julien Clerc* (Éditions Seghers).

177 C) FRANCIS CABREL

Né à Agen, France, en 1953. Il grandit à Astaffort où il apprend la guitare. Il remporte, en 1974, un concours organisé par Sud Radio. Il nous offre son premier album en 1977. Autres chansons populaires des années 1980 : « L'Encre de tes yeux », « Ma place dans le trafic », « Même si je reste », « Quelqu'un de l'intérieur », « Question d'équilibre » et « Encore et encore ». Il est le lauréat de deux *Félix* au Gala de l'Adisq en 1986 et 1989, dans la catégorie Artiste de la francophonie au Québec.

178 B) HERBERT LÉONARD

Né Hubert Lœnhard à Strasbourg, France, en 1947. Adolescent, il fait partie de plusieurs groupes, dont Les Lionceaux. Sa carrière solo débute en 1968, mais un grave accident de voiture le contraint à arrêter. Il revient à la chanson au début des années 1980. Autres chansons populaires de la décennie : « Pour le plaisir », « Puissance et gloire », « Ça donne envie d'aimer » et « Quand tu m'aimes ». En 1987, il est le récipiendaire d'un *Félix*, au Gala de l'Adisq, dans la catégorie Artiste de la francophonie au Québec.

179 C) FRANCE GALL

Elle participe à l'opéra rock *Starmania*, à Paris, en 1979, puis nous offre plusieurs chansons populaires dans les années 1980 : « Il jouait du piano debout », « Résiste », « Tout pour la musique » et « Débranche ». Elle reçoit un prix *Victoire de la musique* dans la catégorie Interprète féminine de l'année en 1988. Hugues Royer et Philippe Séguy publient le livre *France Gall, Michel Berger : deux destins pour une légende* en 1994 (Éditions du Rocher). Grégoire Colard et Alain Morel, en 2007, publient la biographie *France Gall le destin d'une star courage* (Éditions Flammarion).

RÉPONSES (1980-1989)

180 C) VANESSA PARADIS

Née Vanessa Chantal Paradis à Saint-Maur-des-Fossés, France
en 1972. C'est à l'âge de 14 ans qu'elle enregistre « Joe le taxi ».
La chanson sera numéro un dans plusieurs pays européens et
même numéro trois en Angleterre. Le disque se vend à plus de
deux millions et demi d'exemplaires à travers la francophonie.

181 B) YVES DUTEIL

Né à Paris, France, en 1949. Tout débute en 1974 quand
remporte le premier prix au Festival de Spa (Belgique) avec
sa chanson « Le Petit Pont de bois ». Il poursuit sa carrière avec
plusieurs chansons populaires dans les années 1980 : « Au parc
Monceau », « La Farandole » et « Jusqu'où je t'aime ».

182 B) CLAUDE BARZOTTI

Né Francesco Barzotti à Châtelineau, Belgique, en 1953. Fils d'im-
migrés italiens, il commence sa carrière en 1973. Le succès arrive
avec les années 1980 : « Je vous aime », « Madame », « Prend bien
soin d'elle », « C'est moi qui pars », « J'ai les blues » et « Elle me tue »

183 C) DANIELLE MESSIA

Née à Jaffa, Israël (1956-1985). Cette chanson fait partie de la
bande originale du film *Anne Trister*, de la réalisatrice Léa Pool
(1986).

184 A) PIERRE BACHELET

Le disque se vend à plus d'un million d'exemplaires dans la
francophonie.

185 C) COOKIE DINGLER

Groupe originaire de Strasbourg, France, dirigé par Christian Dingler

186 C) PATRICIA KAAS

Née à Forbach, France, en 1966. Elle débute très jeune dans les
cabarets. La chanson « Mon mec à moi » figure sur l'album
MADEMOISELLE CHANTE..., qui se vend à plus d'un million et
demi d'exemplaires dans la francophonie, et qui inclut les chansons
populaires « Mademoiselle chante le blues », « D'Allemagne » et
« Quand Jimmy dit ». Elle remporte un prix *Victoire de la musique*
dans la catégorie Révélation variétés féminine de l'année en 1988

RÉPONSES (1980-1989)

187

A) NIAGARA

Duo originaire de Rennes (France) formé de Muriel Moreno (née en 1963) et Daniel Chenevez (né en 1959). De 1982 à 1984, ils portent le nom de scène L'Ombre jaune, puis finalement Niagara en 1985.

188

B) RENAUD

Né Renaud Séchan à Paris, France, en 1952. Il abandonne le lycée et décide de chanter dans la rue. Il enregistre son premier album en 1975. Les deux chansons se trouvent sur son album MORGANE DE TOI, qui se vend à plus de 1 500 000 exemplaires dans la francophonie. Il est à l'origine de *Chanteurs sans frontières* (1985), un collectif de chanteurs qui enregistrent la chanson « Éthiopie » dont les profits vont à l'organisme *Médecins sans frontières*.

189

B) ROSE LAURENS

Née Rose Podjwoly en 1953. Fille d'immigrants polonais (père pianiste et mère violoniste), elle s'intéresse très tôt à la musique et à la chanson. En 1980, on lui offre le rôle de Fantine dans la comédie musicale *Les Misérables*. Autres chansons populaires des années 1980 : « Mamy Yoko », « Quand tu pars » et « La Nuit ».

190

A) GÉRARD LENORMAN

Version de la chanson « The Sound of Silence » du duo Simon & Garfunkel (1966). Autres chansons populaires des années 1980 : « Boulevard de l'océan », « Si j'étais président », « La Petite Valse », « L'Enfant des cathédrales » et « Fière et nippone ». Il publie son autobiographie *Je suis né à vingt ans* en 2007 (Éditions Calmann-Lévy).

191

B) MAURANE

Née Claudine Luypaerts à Ixelles, Belgique, en 1960. Adolescente, elle se produit dans les bars et les cabarets de Bruxelles. En 1988, elle reprend le rôle de Marie-Jeanne dans l'opéra rock *Starmania*, à Paris.

192

C) LA COMPAGNIE CRÉOLE

Groupe formé en 1975 par Clémence Bringtown (née à Le Robert, Martinique), Arthur Apatout (né à Pointe-à-Pitre, Guadeloupe) José Sébéloué (né à Ouanary, Guyane française), Guy Bevert (né à Basse-Terre, Guadeloupe) et Julien Tarquin (né à Le Marigot, Martinique). Autres succès des années 1980 : « Vive le douanier Rousseau », « Le Bal masqué », « Collé, collé » et « Ça fait rire les oiseaux ».

RÉPONSES (1980-1989)

193 C) CATHERINE LARA

Née Catherine Baudet à Poissy, France, en 1945. Premier prix de violon à 13 ans et de musique de chambre à 21 ans. Elle fonde le quatuor Lara, qui accompagne le chanteur Claude Nougaro. Elle fait un premier enregistrement en tant que chanteuse en 1972, mais c'est dans les années 1980 que son talent est reconnu avec les chansons « La Rockeuse de diamants », « Flamenrock » et « Famélique ».

194 B) JEAN-JACQUES GOLDMAN

Né à Paris, France, en 1951. Il apprend le piano, le violon et la guitare. Il fait partie du groupe Taï Phong avec lequel il enregistre trois albums en anglais. Il entreprend sa carrière solo en 1980. Autres chansons populaires des années 1980 : « Au bout de mes rêves », « Je marche seul », « Pas toi » et « Compte pas sur moi ». Annie et Bernard Réval publient la biographie *Jean-Jacques Goldman* en 2003 (Éditions France-Empire).

195 A) MARC LAVOINE

Né à Longjumeau, France, en 1962. Il débute dans la figuration (théâtre, feuilleton et publicité), puis devient chanteur au début des années 1980. Autres chansons populaires de la décennie : « Elle a des yeux révolver » et « Bascule avec moi ».

196 C) INDOCHINE

Groupe formé à Paris, en 1981, par les frères Nicola et Stéphane Sirchis, Dominique Nicolas et Dimitri Bodiansky. La chanson fait partie de l'album 3, qui se vend à plus de 800 000 exemplaires dans la francophonie. Autres succès du groupe dans les années 1980 : « Tes yeux noirs », « L'Aventurier », « La Machine à rattraper le temps » et « Les Tzars ».

197 B) CHARLÉLIE COUTURE

Né Bertrand Charles-Élie Couture à Nancy, France, en 1956. Il apprend le piano et la guitare avant d'étudier les Beaux-Arts. Il connaît un premier succès en 1982 avec la chanson « Comme un avion sans aile ». Il est également peintre, photographe, romancier et compose de la musique de film.

RÉPONSES (1980-1989)

198 C) NANA MOUSKOURI

Elle chante en français, en anglais, en allemand, en italien et en grec avec autant de succès. Durant sa carrière, elle a vendu près de 400 millions de disques à travers le monde. En 1997, elle est nommée Chevalier de la Légion d'honneur par le gouvernement français. Elle publie en 2007 son autobiographie intitulée *La Fille de la chauve-souris* (XO Éditions).

199 B) VALÉRIE LAGRANGE

Née Danielle Chauraudeau à Paris, France, en 1942. Elle débute au cinéma en 1959 dans le film *La Jument verte* de Claude Autant-Lara. Durant les années suivantes, elle se promène entre la chanson et le cinéma. La chanson « La Folie » se trouve sur son album LES TROTTOIRS DE L'ÉTERNITÉ (1983). Autres chansons populaires de la décennie : « On meurt tous d'amour » et « Animal sauvage ».

200 C) FRÉDÉRIC FRANÇOIS

Autres chansons populaires de la décennie : « On s'embrasse, on oublie tout », « Une femme pour toute la vie » et « Je t'aime à l'italienne ».

201 B) PETER ET SLOANE

Duo formé de Jean-Pierre Savalli, né à Toulon (France) en 1949, et de Chantal Richard, ancienne membre de la formation La Bande à Basile. Le disque se vend à plus de deux millions d'exemplaires dans la francophonie.

202 C) HERVÉ VILARD

Version de la chanson « L'Italiano » du chanteur Toto Cutugno. En 2006, Hervé Vilard publie son autobiographie intitulée *L'Âme seule* (Éditions Fayard).

203 B) LES RITA MITSOUKO

Duo formé en 1980 par Catherine Ringer, née à Suresnes (France) en 1957, et Frédéric Chichin né à Clichy (France, 1954-2007). La chanson « Marcia Baila » est un hommage à la chorégraphe argentine Marcia Moretto. Le disque se vend à plus d'un million d'exemplaires dans la francophonie.

204 C) TÉLÉPHONE

Ces deux chansons sont incluses sur leur album DURE LIMITE, enregistré à Toronto (Canada) avec le producteur Bob Ezrin. Le groupe se dissout en 1986.

RÉPONSES (1980-1989)

205 B) NICOLETTA

Le disque se vend à plus d'un million d'exemplaires dans l[a] francophonie. La chanson figure sur l'album ÉTAT D'URGENCE de Bernard Lavilliers.

206 A) SOLDAT LOUIS

Groupe originaire de Lorient (France) composé de Serge Dane[c], Michel Banuls, Jean-Paul Barrière, Hervé Le Guillou, Christoph[e] Sonnic, Gary Wicknam et Anthony Masselin.

207 A) OTTAWAN

Projet de production guadeloupéen créé en 1979 par Dani[el] Vangarde et Jean Kluger. Le chanteur Jean Patrick, né en 1954, et l[a] chanteuse Annette, née en 1958, sont les voix de la formation.

208 B) ELLI MEDEIROS

Née à Montevideo, Uruguay, en 1956. Elle entame sa carrière a[u] sein du groupe Stinky Toys, puis en duo sous le nom d'Elli e[t] Jacno. Cette chanson figure sur son premier album; BOM BOM.

209 C) MYLÈNE FARMER

Née Mylène Jeanne Gautier à Pierrefonds, Québec, Canada, e[n] 1961. En 1969, Mylène Farmer suit ses parents qui retourne[nt] s'établir en France. Cette chanson fait partie de son premier albu[m] CENDRES DE LUNE.

210 C) JEANNE MAS

Née à Alicante, Espagne, en 1958. Elle grandit en France et conna[ît] le succès à partir de 1983. La chanson « En rouge et noir » es[t] incluse sur son deuxième album, FEMMES D'AUJOURD'HUI, q[ui] contient les chansons « L'Enfant » et « Sauvez-moi ». Cet albu[m] se vend à plus de 1 200 000 exemplaires dans la francophonie. E[n] 1985, elle remporte deux *Victoires de la musique* dans les catégorie[s] Interprète féminine de l'année et Révélation variétés.

211 C) RENAUD

Cette chanson provoque un bref scandale en raison de ses parole[s] virulentes à l'endroit de Margaret Thatcher (premier ministre d[u] Royaume-Uni). La chanson « Miss Maggie » fait partie de l'albu[m] MISTRAL GAGNANT, qui contient également les chansons « L[a] Pêche à la ligne », « Morts les enfants » et « Fatigué ».

RÉPONSES (1980-1989)

212 C) VANESSA PARADIS

Cette chanson figure sur son premier album, M & J (1988), qui contient également la chanson populaire « Maxou ».

213 A) LES NÉGRESSES VERTES

Groupe formé en 1987, dans la banlieue parisienne, par Helno (Noël Rota), Stephane Mellino, Mathieu Canavese, Abraham Sirinix, Jo Roz, Paulo, Gaby et Twist. La chanson figure sur leur premier album, MLAH (1988), qui inclut une autre chanson populaire : « Zobi la mouche ».

214 C) STÉPHANIE

Née Stéphanie Marie Elisabeth Grimaldi à Monaco en 1965. Elle est la seconde fille du prince Rainier III de Monaco et de la princesse Grace (née Kelly [1929-1982]).

215 B) JEAN-PATRICK CAPDEVIELLE

Né à Paris, France, en 1946. Il fut journaliste avant d'entreprendre sa carrière de chanteur. La chanson « Quand t'es dans le désert » est incluse sur son premier album; LES ENFANTS DES TÉNÈBRES ET LES ANGES DE LA RUE.

216 C) LES RITA MITSOUKO

Les deux chansons font partie de leur deuxième album; THE NO COMPRENDO. Les Rita Mitsouko reçoivent un prix *Victoire de la musique* en 1987 dans la catégorie Album de l'année.

217 C) NIAGARA

La chanson est incluse sur leur premier album; ENCORE UN DERNIER BAISER (1986).

218 B) MICHEL SARDOU

Autres chansons populaires des années 1980 : « Les Lacs du Connemara », « Musulmanes » et « La Première fois qu'on s'aimera » en duo avec la chanteuse Sylvie Vartan. En 2009, Michel Sardou publie son autobiographie *Et qu'on en parle plus* (XO Éditions).

219 C) MINO

Née Dominique Mucret à Paris, France, en 1952. Elle commence sa carrière comme choriste avec Michel Fugain et le Big Bazar dans les années 1970.

RÉPONSES (1980-1989)

220 B) CATHERINE RINGER

Elle est la voix du duo Les Rita Mitsouko. La chanson « Qu'est-c
que t'es belle » figure sur le deuxième album du chanteur Marc La
voine; FABRIQUÉ.

221 B) CHAGRIN D'AMOUR

Duo formé de Valli (Valli Kligerman, née à New Haven [États-Unis
en 1958) et Grégory Ken (Jean-Pierre Trochu-Giraudon [1947-1996]
Le disque se vend à plus de trois millions d'exemplaires dans l
francophonie.

222 A) RICHARD GOTAINER

Né à Paris, France, en 1948. Cette chanson figure sur son troisièm
album; CHANTS ZAZOUS.

223 B) ALAIN BASHUNG

Né Alain Baschung à Paris, France (1947-2009). Il tient le rô
de Robespierre dans la comédie musicale *La Révolution français*
du chanteur Claude-Michel Schönberg en 1973. Il fut égalemen
producteur pour le chanteur Dick Rivers. Avec la chanson « Gab
oh Gaby », c'est le succès instantané. Le disque se vend à plus d
1 300 000 d'exemplaires dans la francophonie. L'année suivante
il obtient un autre succès avec la chanson « Vertige de l'amour ».

224 B) LIO

Née Vanda Ribeiro de Vasconcelos à Mangualde, Portugal, e
1962. Elle grandit en Belgique et obtient un premier succè
en 1979. « Les Brunes comptent pas pour des prunes » fait parti
de l'album POP MODEL (1986), avec la chanson populaire « Falla
pas commencer ». Lio poursuit également une carrière au ciném
en faisant des allers-retours vers la chanson.

225 A) BERNARD LAVILLIERS

Né Bernard Ouillon à Saint-Étienne, France, en 1946. Il fa
plusieurs métiers avant de se consacrer à la chanson. « Trafic » es
inclus sur son album O GRINGO. Autres chansons populaires de
années 1980 : « Stand the Ghetto » et « Noir et blanc ».

226 C) PHILIPPE LAFONTAINE

Né à Bruxelles, Belgique, en 1955. La chanson « Cœur de loup » figure sur l'album FA MA NO NI MA (1989) avec une autre chanson populaire : « Alexis m'attend ». En 1990, à Paris (France), il reçoit un prix *Victoire de la musique* dans la catégorie Révélation variétés masculine de l'année et au Gala de l'Adisq, il remporte le *Félix* de l'Artiste de la francophonie au Québec.

227 B) FRANCIS CABREL

La chanson « Rosie » est une version du chanteur Jackson Browne (1978). Les deux chansons font parties de l'album SARBACANE (1989), qui contient également « C'est écrit » et « Sarbacane ». L'album se vend à plus de deux millions d'exemplaires dans la francophonie. Il remporte, en 1990, deux *Victoires de la musique* dans les catégories Interprète masculin de l'année et Album de l'année.

228 B) TERI MOÏSE

Née à Los Angeles, États-Unis, en 1970, de parents haïtiens. Elle s'installe à Paris en 1990. « Les Poèmes de Michelle » est la chanson-titre de son premier album. En 1997, elle est récompensée par un prix *Victoire de la musique* dans la catégorie Artiste interprète francophone de l'année.

229 B) GÉRALD DE PALMAS

Né Gérald Gardrinier à St-Denis, La Réunion, en 1967. Il quitte son île pour s'installer en France, où il apprend la guitare et la basse. Il fait brièvement partie du groupe Les Max Valentins. La chanson « Sur la route » figure sur son premier album LA DERNIÈRE ANNÉE. Il est couronné aux *Victoires de la musique* en 1995 dans la catégorie Révélation masculine.

230 A) ALAIN BASHUNG

C'est cette chanson qui donne le titre à son album. En 1993, Alain Bashung reçoit deux *Victoires de la musique* dans les catégories Artiste masculin et Vidéoclip de l'année (pour la chanson « Osez Joséphine »). Dans les années 1990, il nous offre les albums CHATTERTON (1994) et FANTAISIE MILITAIRE (1998). Marc Besse publie, en 2009, *Bashung(s) : une vie* (Éditions Albin Michel).

RÉPONSES (1990-1999)

231 B) PATRICIA KAAS

La chanson figure sur son album JE TE DIS VOUS (1993) ave
les chansons « Entrer dans la lumière » et « Ceux qui n'ont rien
L'album se vend à plus de 2 500 000 exemplaires dans la franc
phonie.

232 A) LES INNOCENTS

Groupe formé de Jipé (Jean-Philippe Nataf), Rico et Jean-Ch
(Jean-Christophe Urbain). La chanson fait partie de l'album CEN
MÈTRES AU PARADIS (1989). En 1994, la formation reçoit un pr
Victoire de la musique dans la catégorie Groupe de l'année.

233 C) MC SOLAAR

Né Claude M'Barali à Dakar, Sénégal, en 1969. Né de paren
tchadiens, il arrive en France très jeune. Les deux chansons so
incluses sur son premier album QUI SÈME LE VENT RÉCOLTE L
TEMPO (1991).

234 C) MANAU

Trio formé de Martial Tricoche, Cédric Soubiron et Hervé Lardi
La chanson « La Tribu de Dana » fait partie de l'album PANIQU
CELTIQUE, qui se vend à plus d'un million et demi exemplaire
dans la francophonie.

235 B) LOUISE ATTAQUE

Groupe formé à Paris (France) en 1994 par Gaétan Roussel, Rob
Feix, Alexandre Margraff et Arnaud Samuel. La chanson figure s
leur album éponyme qui se vend à plus de 2 500 000 exemplaire
dans la francophonie. La formation est élue Groupe de l'année au
Victoires de la musique en 1999.

236 B) MURRAY HEAD

Né Murray Seafield Saint George Head à Londres, Angleterre, e
1946. Il connaît une carrière de chanteur anglophone de renommé
internationale. On le voit au cinéma dans les films *Un dimanch
comme les autres* (1971), *La Mandarine* (1971) et *Madame Claud
(1977). Il collabore, en tant que chanteur et compositeur, aux film
Cocktail Molotov (1979) et *À gauche en sortant de l'ascense*
(1988).

110

RÉPONSES (1990-1999)

237 C) ENZO ENZO

Née Korin Ternovtzeff à Paris, France, en 1960. Elle débute comme bassiste dans le groupe éphémère Lilli Drop, puis devient Enzo Enzo. La chanson est incluse sur son album DEUX. Elle remporte un prix *Victoires de la musique* en 1995 dans les catégories Interprète féminine et Chanson de l'année (« Juste quelqu'un de bien »).

238 B) STEPHAN EICHER

Né à Münchenbuchsee, Suisse, en 1960. Germanophone, d'origine tzigane et fils d'un violoniste, il nous offre son premier album en 1983. À la fin des années 1980, il rencontre l'écrivain Philippe Djian qui lui écrit plusieurs chansons dont « Déjeuner en paix », qui fait partie de l'album ENGELBERG, qui se vend à plus de deux millions d'exemplaires dans la francophonie. Stephan Eicher reçoit un prix *Victoire de la musique* dans la catégorie Album francophone de l'année en 1992.

239 A) CLAUDE BARZOTTI

Il nous offre deux autres chansons populaires dans les années 1990 : « Mais quel amour » et « Là où j'irai ».

240 C) PAULINE ESTER

Née Sabrina Ocon à Toulouse, France, en 1963. La chanson est incluse sur son album LE MONDE EST FOU.

241 B) JULIEN CLERC

« Fais-moi une place » (paroles de la chanteuse Françoise Hardy) donne le titre à son album (1989) et est élue Chanson de l'année aux *Victoires de la musique* en 1991. Il nous offre dans les années 1990 les albums UTILE (1992) et JULIEN (1996). Philippe Crocq et Alain-Guy Aknin publient une biographie intitulée *Julien Clerc : le pas discret du patineur* (Éditions du Rocher) en 2007.

242 C) PATRICK BRUEL

Né Patrick Benguigui à Tlemcen, Algérie, en 1959. Il arrive en France à l'âge de 3 ans. Il débute au cinéma en 1978 dans le film *Le Coup du sirocco* d'Alexandre Arcady. Durant les années 1980, il enregistre quelques disques qui ont un certain succès, puis il revient au septième art : *Le Grand Carnaval* (1983), *La Maison assassinée* (1988) et *Force majeure* (1989).

RÉPONSES (1990-1999)

243 C) JORDY

Né Jordy Lemoine à Saint-Germain-en-Laye, France, en 1988. So[n] père a été producteur et sa mère, chanteuse et animatrice à [la] radio. C'est à l'âge de quatre ans que Jordy enregistre la chanso[n] « Dur dur d'être un bébé ! » qui figure sur son album POCHETT[E] SURPRISE. Cette chanson grimpe rapidement dans les palmarè[s] francophones ainsi que dans les palmarès américains.

244 A) DIDIER BARBELIVIEN ET FÉLIX GRAY

Didier Barbelivien est né à Paris, France, en 1954. Passionné p[ar] l'écriture depuis son enfance, il propose ses chansons à des inte[r]prètes les plus variés, dont Johnny Hallyday, Michel Sardou, Enri[co] Macias, Nicole Croisille et Patricia Kaas. Félix Gray est né Fé[lix] Boutboul à Tunis (Tunisie) en 1958. Il est l'auteur de la coméd[ie] musicale *Don Juan*. Le disque À TOUTES LES FILLES se vend à pl[us] d'un million d'exemplaires dans la francophonie.

245 C) JEAN-JACQUES LAFON

Né à Toulouse, France, en 1955. Sa carrière démarre en 1985 ave[c] la chanson « Le Géant de papier ».

246 C) AXELLE RED

Née Fabienne Demal à Hasselt, Belgique, en 1968. Sa chanso[n] « Sensualité » paraît sur son album SANS PLUS ATTENDRE (199[3] avec les chansons populaires « Je t'attends » et « Elle dan[s] seule ».

247 B) ALAIN SOUCHON

Né Alain Kienast à Casablanca, Maroc, en 1944. Il rencontre, [en] 1974, le chanteur Laurent Voulzy et c'est le début d'une longue [et] fructueuse complicité artistique. « Foule sentimentale » fut proclam[ée] chanson originale de l'année aux *Victoires de la musique* en 199[3].

248 A) FLORENT PAGNY

Né à Chalon-sur-Saône, France, en 1961. Il joue quelques petits rôl[es] au cinéma et dans plus de trente téléfilms. Ses premiers enregistr[e]ments datent de 1987. La chanson « Mourir les yeux ouverts » figu[re] sur son album SAVOIR AIMER (1998).

249 A) MYLÈNE FARMER

« Désenchantée » figure sur son album L'AUTRE, qui contie[nt] également les chansons « Je t'aime mélancolie » et « Regrets [»] (en duo avec le chanteur Jean-Louis Murat). Cet album se ve[nd] à plus de deux millions d'exemplaires dans la francophonie.

250 C) OPHÉLIE WINTER

Née Ophélie Winter-Kleerekoper à Boulogne-Billancourt, France, en 1974. Elle est la fille du chanteur David Alexandre Winter. Cette chanson paraît sur son album PRIVACY, qui se vend à plus d'un million d'exemplaires dans la francophonie.

251 C) ZEBDA

Groupe originaire de Toulouse (France) formé des frères Moustapha et Hakim Amokrane, Magyd Cherfi, Rémi Sanchez, Vincent Sauvage, Joël Saurin et Pascal Cabero. La chanson figure sur l'album ESSENCE ORDINAIRE. Le groupe remporte deux *Victoires de la musique* en 2000 dans les catégories Groupe et Chanson de l'année (« Tomber la chemise »).

252 C) VANESSA PARADIS

Cette chanson paraît sur son deuxième album, VARIATIONS SUR LE MÊME T'AIME. Elle remporte un prix *Victoire de la musique* dans la catégorie Interprète féminine de l'année en 1990. Elle reçoit, cette même année, le *César* du Meilleur espoir féminin pour son rôle dans le film *Noce blanche* de Jean-Claude Brisseau. Thierry Cadet publie en 2008 *Vanessa Paradis, divine idole* (Éditions de La Lagune).

253 A) ALLAN THÉO

Né à Saint-Amand-Montrond, France, en 1972. Cette chanson figure sur son album EMMÈNE-MOI.

254 C) NOIR DÉSIR

Groupe formé à Bordeaux (France) par Bertrand Cantat, Serge Teyssot-Gay, Denis Barthe et Frédéric Vidalenc. La chanson fait partie de l'album VEUILLEZ RENDRE L'ÂME (À QUI ELLE APPARTIENT, 1989).

255 A) DANIEL SEFF

Né à Toulouse, France. Cette chanson est incluse sur l'album PRÉVENEZ LES ANGES. Il a également collaboré à l'écriture de plusieurs chansons d'Isabelle Boulay, sur les albums MIEUX QU'ICI BAS (2000) et TOUT UN JOUR (2004).

256 C) VÉRONIQUE RIVIÈRE

Née à Suresnes, France, en 1959. La chanson se trouve sur son album éponyme (1989) avec la chanson populaire « Capitaine ».

RÉPONSES (1990-1999)

257 A) SINCLAIR

Né Mathieu Blanc-Francard à Tours, France, en 1970. Il est le fils (
l'ingénieur de son et producteur Dominique Blanc-Francard. Ce
deux chansons figurent sur son album LA BONNE ATTITUDE (1997

258 A) HÉLÈNE SEGARA

Née Hélène Rizzo à Six-Fours-les-Plages, France, en 197
« Vivre » est une des chansons principales de la comédie musica
Notre-Dame de Paris. Hélène Segara connaît également du succè
la même année avec la chanson « Vivo per lei », qu'elle interprè
en duo avec le ténor Andrea Bocelli.

259 C) PASCAL OBISPO

Né à Bergerac, France, en 1965. Il débute comme guitariste au se
de la formation Words of Goethe, puis du groupe Senzo. Il compos
pour d'autres artistes, dont Florent Pagny et Johnny Hallyday. «
faut du temps » fait partie de son album SUPERFLU (1996). Il sigr
la musique de la comédie musicale *Les Dix Commandemen*
(2000).

260 B) VAYA CON DIOS

Duo originaire de Bruxelles (Belgique) composé de Dani Kle
et Dirk Schoufs. Ils sont accompagnés de plusieurs musicien
C'est une reprise de la chanson d'Édith Piaf (1953).

261 C) ZOUK MACHINE

Trio féminin originaire des Antilles françaises composé de Jar
Fostin, Christiane Obydol et Dominique Zorobabel. Cette chans
donne son titre à l'album (1989).

262 C) INDOCHINE

Cette chanson est un hommage à l'écrivain américain J.D. Saling
(1919-2010) et figure sur l'album LE BAISER. Suite au départ (
Dimitri Bodianski en 1988, le groupe fonctionne maintenant en tr

263 A) ANGGUN

Née Anggun Cipta Sasmi à Djakarta, Indonésie, en 1974. E
enregistre également ces deux chansons en langue anglaise.

RÉPONSES (1990-1999)

264 C) DAVID HALLYDAY

Né David Smet à Boulogne-Billancourt, France, en 1966. Il est le fils des chanteurs Sylvie Vartan et Johnny Hallyday. Cette chanson figure sur son album UN PARADIS/UN ENFER.

265 B) FREDERICKS GOLDMAN JONES

Trio formé en 1990 par le chanteur Jean-Jacques Goldman, de sa choriste Carole Fredericks et de son ami et guitariste Michael Jones. La chanson est incluse sur leur album éponyme qui se vend à plus de deux millions d'exemplaires dans la francophonie.

266 C) G SQUAD

Groupe français formé de Gérald (Jean-Laurent), Chris (Keller), Marlon, Andrew (McCarthy) et Mika. La carrière de ce boys band fut brève. Leur album éponyme contient également la chanson « Raide dingue de toi ».

267 B) LIANE FOLY

Née Éliane Folleix à Lyon, France, en 1962. Elle débute au sein de l'orchestre de ses parents, puis dans les pianos-bars de la région lyonnaise. Cette chanson fait partie de son premier album RÊVE ORANGE. En 1991 elle reçoit un prix *Victoire de la musique* dans la catégorie Révélation variétés féminine de l'année.

268 A) ÉTIENNE DAHO

Né à Oran, Algérie, en 1957. Il passe son adolescence à Rennes (France) et écrit quelques chansons avec le groupe Marquis de Sade. Étienne Daho publie, en collaboration avec Jérôme Soligny, une biographie de la chanteuse Françoise Hardy intitulée *Superstar et ermite* (Jacques Grancher Éditeur) en 1986. Il est également producteur. « Mon manège à moi » est une reprise de la chanson d'Édith Piaf (1958). Christophe Conte publie *Une histoire d'Étienne Daho*, en 2008 (Éditions Flammarion).

269 C) PATRICK BRUEL

Cette chanson figure sur son album ALORS REGARDE, avec les chansons populaires « J'te l'dis quand même » et « Place des Grands Hommes », qui se vend à plus de 2 700 000 exemplaires dans la francophonie. Patrick Bruel est le récipiendaire d'un prix *Victoire de la musique* dans la catégorie Interprète masculin de l'année en 1992. Il remporte à deux reprises (1992 et 1993) le *Félix* de l'Artiste de la francophonie au Québec au Gala de l'Adisq. Sophie Grassin et Gilles Médioni publient *Patrick Bruel* en 1991 (Éditions JC Lattès).

270 C) FRANCIS CABREL

Cette chanson paraît sur l'album SAMEDI SOIR SUR LA TERR■ vendu à plus de 3 900 000 exemplaires dans la francophonie, q■ contient également les chansons : « La Cabane du pêcheur » et « L■ Corrida ». Au Gala de l'Adisq en 1994 et 1995, il reçoit le *Félix* dar■ la catégorie l'Artiste de la francophonie au Québec. Il remport■ en 1995, un prix *Victoire de la musique* dans la catégorie Albu■ de l'année.

271 C) PATRICIA KAAS

Cette chanson fait partie de l'album CARNETS DE SCÈNE, ave■ les chansons populaires : « Kennedy Rose » et « Regarde le■ riches ». En 1991, elle remporte un prix *Victoire de la musique* dar■ la catégorie Interprète féminine de l'année. En collaboration ave■ Sophie Blandiniéres, Patricia Kaas publie son autobiographie■ *L'ombre de ma voix* (Editions Flammarion) en 2011.

272 B) AXELLE RED

Cette chanson se trouve sur l'album À TÂTONS (1996) qui incl■ les chansons : « Rester femme » et « À quoi ça sert ». Ce disque f■ enregistré à Memphis, Tennessee (États-Unis), avec la participatio■ des musiciens Steve Cropper et Isaac Hayes. L'album se vend à pl■ d'un million d'exemplaires dans la francophonie. En 1999, au■ *Victoires de la musique*, elle remporte le prix dans la catégor■ Interprète féminine de l'année.

273 B) ALAIN SOUCHON

Ces deux chansons figurent sur l'album C'EST DÉJÀ ÇA (1993■ Il remporte le prix de l'interprète masculin de l'année aux *Victoire■ de la musique* en 1994.

274 B) MYLÈNE FARMER

La chanson fait partie de l'album ANAMORPHOSÉE (1995) ave■ les chansons populaires « California » et « Rêver ». L'album se ven■ à plus d'un million d'exemplaires dans la francophonie.

275 C) FLORENT PAGNY

C'est cette chanson qui donne le titre à son album. Il reçoit, en 199■ un prix *Victoire de la musique* dans la catégorie Interprète mascul■ de l'année.

RÉPONSES (2000-2005)

276 B) FRANCIS CABREL

Version de la chanson « I've Been Loving You Too Long » du chanteur Otis Redding (1965). La chanson fait partie de l'album HORS-SAISON (1999), qui se vend à plus d'un million et demi d'exemplaires dans la francophonie et qui contient les chansons populaires : « Presque rien » et « Rien de nouveau ».

277 B) CARLA BRUNI

Née Carla Bruni Tedeschi à Turin, Italie, en 1968. Elle arrive à Paris à l'âge de sept ans. Dans les années 1990, elle fut mannequin de renommée internationale. « Quelqu'un m'a dit » est la chanson qui donne le titre à son premier album, qui se vend à plus de deux millions d'exemplaires dans la francophonie. Elle remporte un prix *Victoire de la musique* dans la catégorie Interprète féminine de l'année en 2004. Au Gala de l'Adisq, la même année, elle est récipiendaire du *Félix* de l'Artiste de la francophonie au Québec. Anouk Vincent publie *Carla Bruni-Sarkozy, l'attrait de la lumière* (Éditions City) en 2008.

278 B) LORIE

Née Laure Pester à Val-D'Oise, France, en 1982. Cette chanson fait partie de son album PRÈS DE TOI, qui contient également les chansons populaires : « Je serai (ta meilleure amie) » et « Toute seule ». L'album se vend à plus de 900 000 exemplaires dans la francophonie. Erwan Chuberre publie *Lorie, entre ange et glamour* (Éditions Alphée-Jean-Paul Bertrand) en 2009.

279 A) DARAN

Né Jean-Jacques Daran à Turin, Italie, en 1959. Il entreprend sa carrière avec la formation Daran et les Chaises, qui nous offre les albums : J'ÉVITE LE SOLEIL (1992) et HUIT BARRÉ (1994). Puis, il décide de poursuivre une carrière en solo. Les deux chansons figurent sur son disque AUGUSTIN & ANITA.

280 B) INDOCHINE

La chanson figure sur leur album PARADIZE, qui se vend à plus d'un million d'exemplaires dans la francophonie. Au *MTV Europe Music Award*, Indochine reçoit le trophée du Meilleur groupe français. Aux *Victoires de la musique*, en 2003, PARADIZE est élu Album pop-rock de l'année. Au Gala de l'Adisq, la même année, le groupe reçoit le *Félix* de l'Artiste de la francophonie au Québec. Philippe Crocq et Jean Mareska publient une biographie du groupe intitulée *Sur la muraille d'Indochine* (Éditions de la Lagune) en 2006. Thierry Desaules publie *L'Ombre des mots* (Éditions Alphée-Jean-Paul Bertrand) en 2008.

281 A) YANNICK

Il est de nationalité française et d'origine camerounaise. Il a fai partie du collectif Mafia Trece. « Ces soirées-là » remet au goût d jour la chanson de Claude François « Cette année-là » (1976 et est incluse sur son album C'EST ÇA QU'ON AIME.

282 A) SUPERBUS

Groupe formé en 1999 par Jennifer Ayache, Patrice Focone, Mich Giovannetti, François-Xavier Even et Guillaume Rousé. Cette chanso fait partie de leur premier album AÉROMUSICAL (2002).

283 A) DANIEL LÉVI

Né à Constantine, Algérie, en 1961. Il interprète le rôle de Moïs dans la comédie musicale *Les Dix Commandements* (2000 La chanson est extraite de cette œuvre et lui vaut un prix *Victoir de la musique* dans la catégorie Chanson originale de l'année e 2001.

284 B) PASCAL OBISPO

C'est la chanson qui donne le titre à son album (1999), qui se ven à plus de 700 000 exemplaires dans la francophonie.

285 B) HENRI SALVADOR

Né à Cayenne, en Guyane française (1917-2008). Il arrive à Par à l'âge de sept ans. Il se passionne pour la musique et devient u excellent guitariste. Il fait partie de l'orchestre de Ray Ventur (1908-1979) et part en tournée en Amérique du Sud (1941-1945 Henri Salvador s'impose comme chanteur en 1950 avec la célèbr chanson « Maladie d'amour ». C'est à l'âge de 83 ans qu'il nou offre l'album CHAMBRE AVEC VUE. En 2001, il obtient deux *Victoire de la musique* : Interprète masculin de l'année et Album de variét pop de l'année. Olivier Miquel publie, en 2007, la biographi d'Henri Salvador intitulée *Le Rire du destin* (Éditions du Moment

286 C) PATRICK BRUEL

La chanson figure sur son album JUSTE AVANT (1999), avec chanson populaire « Pour la vie ».

287 A) MYLÈNE FARMER

C'est l'une des trois chansons inédites qui font partie de son albu LES MOTS (2001), qui regroupe ses plus grands succès. Antoir Bioy, Benjamin Thiry et Caroline Bee publient la biographie *Mylèr Farmer : La Part de l'ombre*, en 2003 (Éditions l'Archipel).

RÉPONSES (2000-2005)

288 B) LOUISE ATTAQUE

Les deux chansons figurent sur leur album COMME ON A DIT, qui se vend à plus de 700 000 exemplaires dans la francophonie. Au Gala de l'Adisq, en 2000, le groupe remporte le *Félix* de l'Artiste de la francophonie au Québec.

289 B) MICHAEL BOLTON

Né Michael Bolotin à New Heaven, États-Unis, en 1953. Il fut chanteur du groupe Blackjack dans les années 1970. Il entreprend sa carrière solo en 1983.

290 A) ALIZÉE

Née Alizée Jacotey à Ajaccio, Corse, en 1984. La chanson fait partie de son album GOURMANDISES, qui se vend à plus d'un million d'exemplaires dans la francophonie.

291 B) RENAUD

La chanson se trouve sur l'album de Renaud BOUCAN D'ENFER, qui se vend à plus de deux millions d'exemplaires dans la francophonie. Aux *Victoires de la musique*, en 2003, il remporte les prix de l'Interprète masculin de l'année, Album de variétés pop de l'année et Chanson de l'année (« Manhattan-Kaboul »).

292 B) OPHÉLIE WINTER

La chanson figure sur son troisième album; EXPLICIT LYRICS (2002). L'acteur Gérard Depardieu participe au vidéoclip de la chanson.

293 C) NOIR DÉSIR

La chanson fait partie de leur album DES VISAGES, DES FIGURES (2001). Le groupe reçoit, en 2002, un prix *Victoire de la musique* pour l'Album rock de l'année. Laurent Laufer a publié, en 2003, *Noir Désir de A à Z* (Éditions Musicbook).

294 C) ALLAN THÉO

Cette chanson est également le titre de son album (1999), qui contient la chanson populaire « Vivre sans elle ».

RÉPONSES (2000-2005)

295 C) M

Né Matthieu Chedid à Boulogne-Billancourt, France, en 1971
Il est le fils du chanteur Louis Chedid et petit-fils de l'écrivaine e
poétesse Andrée Chedid. « Je dis aime » (paroles de sa grand-mère
est la chanson qui donne son titre à son deuxième album. En 200e
il enregistre son spectacle aux *Francofolies* de Montréal, et u
disque paraît, intitulé M AU SPECTRUM (2005). Il remporte, l
même année, le *Félix* de l'Artiste de la francophonie au Gala d
l'Adisq. Il reçoit un prix *Victoire de la musique* dans la catégori
Interprète masculin de l'année en 2000 et en 2005.

296 B) KYO

Groupe formé en 1996 à Yvelines (France) par les frères Fabien e
Florian Dubos, Benoît Poher et Nicolas Chassagne. La chanso
« Le Chemin » (chantée en duo avec la chanteuse hollandaise Sita
est également le titre de leur album, qui connaîtra un succè
foudroyant. Les autres chansons populaires du disque : « Dernièr
Danse » et « Je cours ». L'album se vend à plus de 1 600 00
exemplaires dans la francophonie. En 2004, la formation reçoit troi
Victoires de la musique dans les catégories Révélation, Group
révélation scène et Album révélation de l'année.

297 A) JANE FOSTIN

Née en Guadeloupe. Elle remplace la chanteuse Joëlle Ursull a
sein de la formation Zouk Machine (1990-1995), puis entrepren
sa carrière solo. Les deux chansons font partie de son albu
VIVRE LIBRE.

298 B) LÂÂM ET FRANK SHERBOURNE

Lââm est née à Paris (France) d'une famille tunisienne en 197
Frank Sherbourne est né en Pas-de-Calais (France) en 1969.
reprend deux rôles dans *Starmania* : celui de Ziggy en 1993 et cel
de Johnny Rockfort en 1999. La chanson « Un monde à nous » e
extraite de la comédie musicale *Cindy, Cendrillon* 2002 (paroles d
Luc Plamondon et musique de Romano Musumarra).

RÉPONSES (2000-2005)

299 B) JOHNNY HALLYDAY

Cette chanson donne également le titre à son l'album, qui contient la chanson populaire « Vivre pour le meilleur ». En 2000, il reçoit un prix *Victoire de la musique* pour l'Album de variétés pop rock de l'année. Jean-François Chenut publie *Johnny Hallyday, le dernier des géants* (Éditions Alphée-Jean-Paul Bertrand) en 2009.

300 C) MICKEY 3D

Groupe composé par Mickaël Furnon, Aurélien Joanin et Najah El Mahmoud. La chanson figure sur leur troisième album, TU VAS PAS MOURIR DE RIRE (2003), qui se vend à plus de 350 000 exemplaires. En 2004, le trio remporte trois *Victoires de la musique* dans les catégories Chanson originale de l'année, Vidéoclip de l'année et Album pop rock de l'année.

Johnny Hallyday

ALAIN SOUCHON

RENAUD

INFORMATIONS COMPLÉMENTAIRES

GALA DE L'ADISQ
Fondé en 1978 par plusieurs professionnels du domaine artistique. L'ADISQ (Association du disque et du spectacle québécois) organise le gala annuel où sont remis de nombreux trophées (*Félix* – en hommage à l'auteur-compositeur-interprète Félix Leclerc) aux récipiendaires dans diverses catégories depuis 1979.

PRIX CHARLES-CROS
En France, l'Académie Charles-Cros décerne annuellement, depuis 1948, une trentaine de *Prix international du disque* au meilleur enregistrement de l'année en langue française dans plusieurs catégories.

EUROVISION
Le Concours Eurovision de la Chanson, organisé par l'Union européenne de Radio-Télévision, a été créé en 1956. Actuellement, c'est le plus grand concours musical au monde, réunissant chaque année plus d'une quarantaine de pays. Il est couronné par un gala présentant le gagnant devant plus d'un milliard de téléspectateurs.

MIDEM (Marché international du disque et de l'édition musicale)
Organisé chaque année depuis 1967 à Cannes, en France, le MIDEM est un marché où viennent les professionnels de l'industrie du disque, pour chercher notamment des contrats de distribution internationaux pour leurs artistes. Les dernières éditions ont également attiré un nombre croissant de représentants des nouvelles technologies (Internet, téléphonie mobile).

VICTOIRE DE LA MUSIQUE
Depuis le milieu des années 1980, en France, les professionnels de la musique célèbrent les artistes qui ont marqué l'année. Lors d'un gala télévisé, on découvre quels sont les interprètes qui ont obtenu la grande distinction en recevant le prix *Victoire de la musique*.

PATRICK BRUE

PATRICIA KAAS

RÉFÉRENCES

100 ans de chansons françaises (1907-2007)
Louis-Jean Calvet
(Éditions L'Archipel, 2006)

30 ans de rock français
Gilles Médioni
(Éditions L'Archipel, 2007)

L'Âge d'or du Yé yé
Jacques Barsamian et François Jouffa
(Éditions Ramsay, 1984)

La Chanson française et francophone
Pierre Saka et Yann Plougastel
(Éditions Larousse, 1999)

Dictionnaire mondial des chanteurs
Christian Dureau
(Éditions Vernal/Philippe Lebaud, 1989)

Guide du tube
Marc Toesca, Philippe Conrath
et Rémy Kolpa Kopoul
(Éditions Seghers, 1987)

Hit Parades (1950-1998)
Daniel Lesueur
(Éditions Alternatives, 1999)

L'Odyssée de la chanson française
Gilles Verlant avec la collaboration de
Jean-Dominique Brierre,
Dominique Duforest,
Christian Eudeline
et Jacques Vassal
(Éditions Hors collection, 2006)

AXELLE RED

MYLÈNE FARMER

REMERCIEMENTS

**Nous tenons à remercier
les personnes suivantes pour leur collaboration :**

Martine Beaudoin et Carole Leroux pour leur écoute et leur patience.

Marc Alain pour son audace et sa vision créative de l'édition.
Isabelle Jodoin pour son expérience et son enthousiasme.

Françoise LaBrèche-Ayotte, notre ange gardien.

*Serge Beaubien
et Jacques Thibault*

127

À PROPOS DES AUTEURS

SERGE BEAUBIEN ET JACQUES THIBAULT

Serge Beaubien et Jacques Thibault ont cumulé différents postes à la radio de Radio-Canada à Montréal durant une trentaine d'années.

Tous deux passionnés de musique, ils ont animé ensemble plusieurs émissions dans diverses radios communautaires.

Avec l'envie de partager leurs connaissances, les deux hommes ont développé un jeu qui consiste à se poser des questions sur le domaine musical.

Ils partagent maintenant ce plaisir en proposant ce jeu-questionnaire.

Ils sont également les auteurs du livre *Ultra quiz musique québécoise*.

129

Les Rita MitsoukoÙ
Julien Clerc

INDEX

INDEX

INDEX

INDEX

INDEX

INDEX

INDEX

INDEX

INDEX

INDEX

SERGE GAINSBOURG

ALAIN BARRIÈR

Jacques Brel

FRANCE GALL